유전과 혈액

유튜버  식용유의 맛있는 유전

알아 두기

이 책에 등장하는 수정란 복제는 가상의 이야기입니다.
오늘날 우리나라를 비롯한 많은 국가들은 복제 인간 연구를 금지하고 있어요.

초등과학Q는 과학의 기본 개념을
말랑말랑하게 풀어낸 세상 친절한 과학 해설서예요.
핵심을 찌르는 재치 넘치는 질문! 웃음이 가득한 탐구 과정!
재미있는 글과 그림을 따라가면 암호문 같은
과학 교과서가 술술 읽힐 거예요.

초등과학 Q 6
유전과 혈액

유튜버 ▶ 식용유의 맛있는 유전

김영주 글   나인완 그림

 쌍둥이는 모든 것이 똑같을까?_24

 자식은 어떻게 부모를 닮을까?_40

 돌연변이는 왜 일어날까?_74

 인간이란 무엇일까?_98

1장 나의 혈액형은 어떻게 결정될까?

"으아악!"

용식이와 용주는 공원에서 킥보드를 타고 있었어. 그런데 용식이가 그만 계단 아래로 굴러 버린 거야.

구급차가 오고 용식이는 병원으로 실려 갔어. 엄마 아빠까지 한달음에 달려왔지.

"유용식 환자 보호자시죠? 뼈가 부러져서 바로 수술 들어가야 하는데 혈액형이 여기 적어 주신 A형이 아니라 B형이에요."

"네? 용식이가 B형이라고요?"

엄마 아빠는 당황한 기색이었어.

'오빠가 A형이 아니라 B형이라고? 지금껏 잘못 알고 있었네.'

용주는 나중에 오빠한테 얘기해 줘야겠다고 생각했어.

수술은 무사히 끝나 일주일 만에 퇴원을 할 수 있었어. 용식이는 집에 도착하자마자 왼팔에 깁스를 하고도 할 일은 해야 한다며 용주를 불렀어. **용식이는 '맛있는 유전'이라는 과학 유튜브 방송을 하는 인기 유튜버 '식용유'거든.**

"이 와중에 영상을 꼭 찍어야 해?"

"병원에 있으면서 생각한 건데, 지금까지 혈액에 대해 다룬 적이 없더라고."

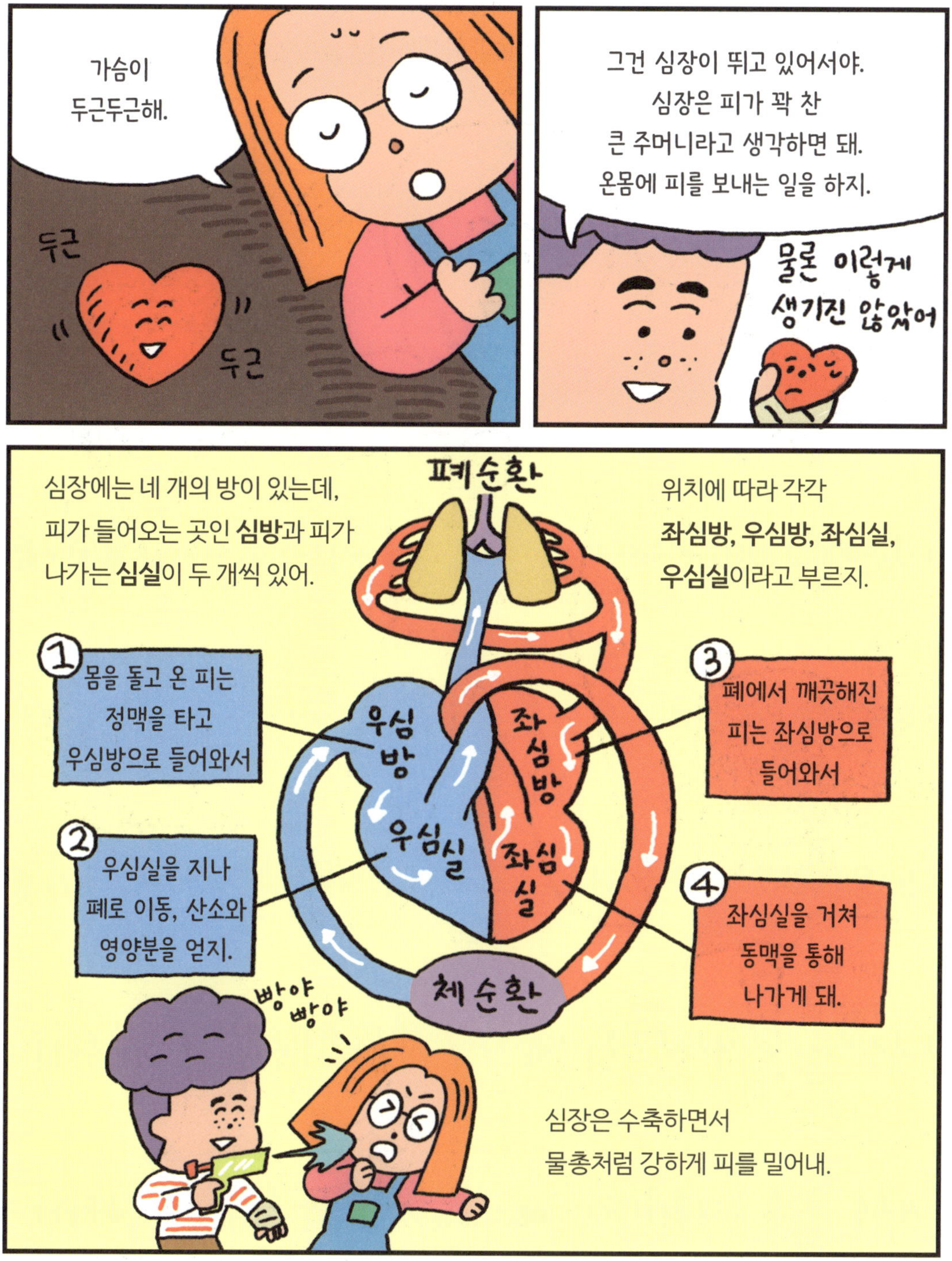

심장에서 출발한 피는 **동맥**을 따라 이동하면서 **모세혈관** 곳곳에서 영양소와 산소를 나누어 주고, **노폐물**과 **이산화 탄소**를 받아서 **정맥**을 통해 다시 심장으로 들어와. 이렇게 피는 우리 몸을 **순환**하지.

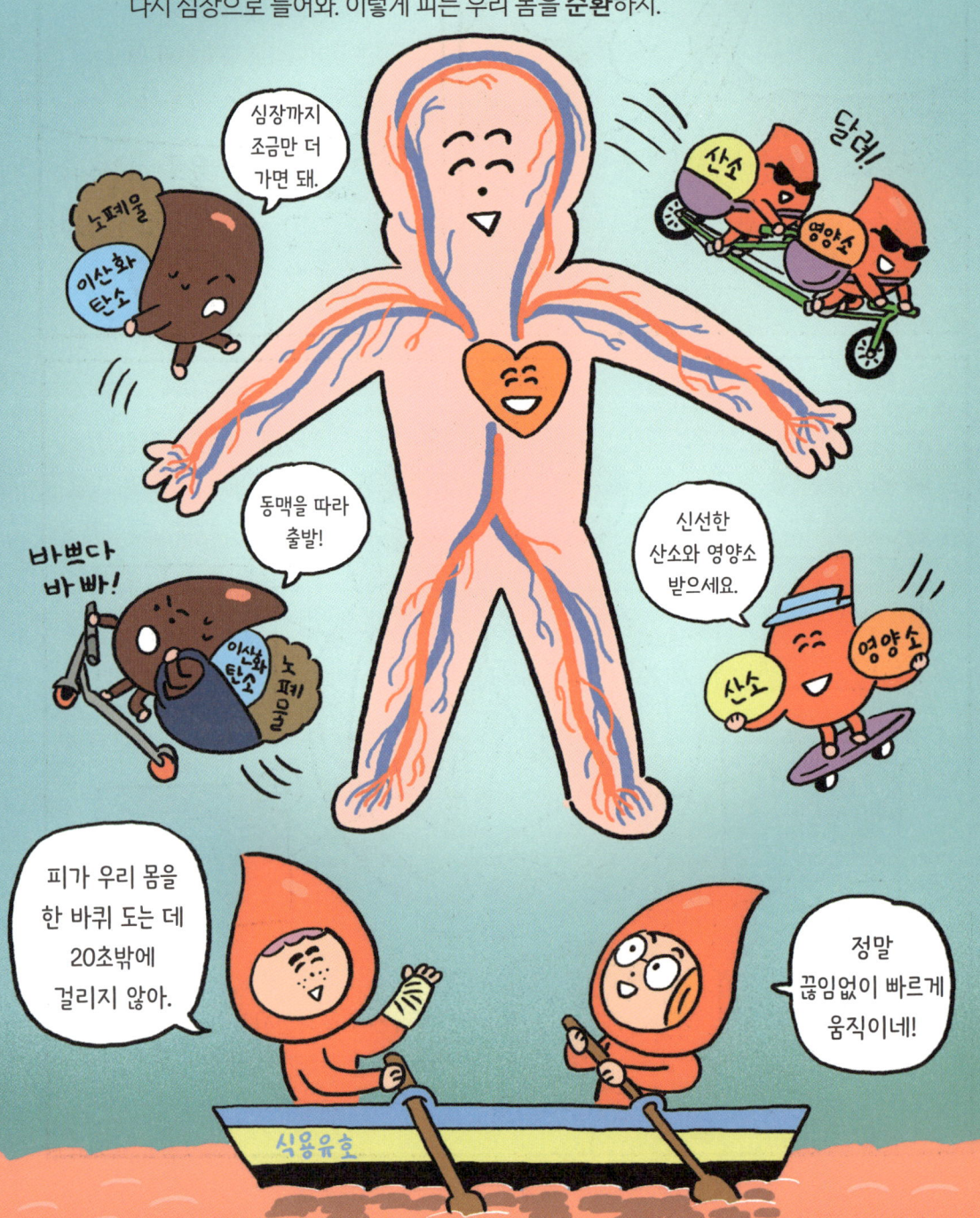

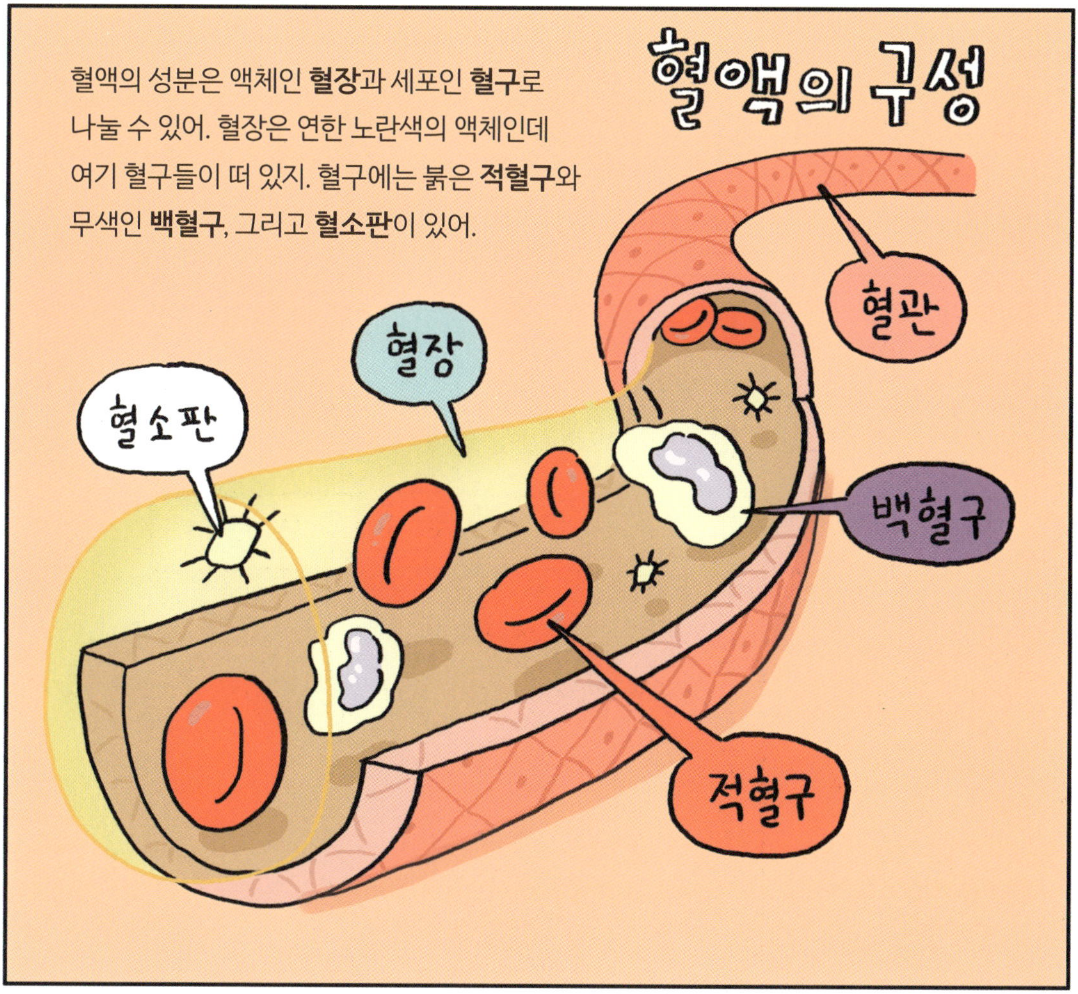

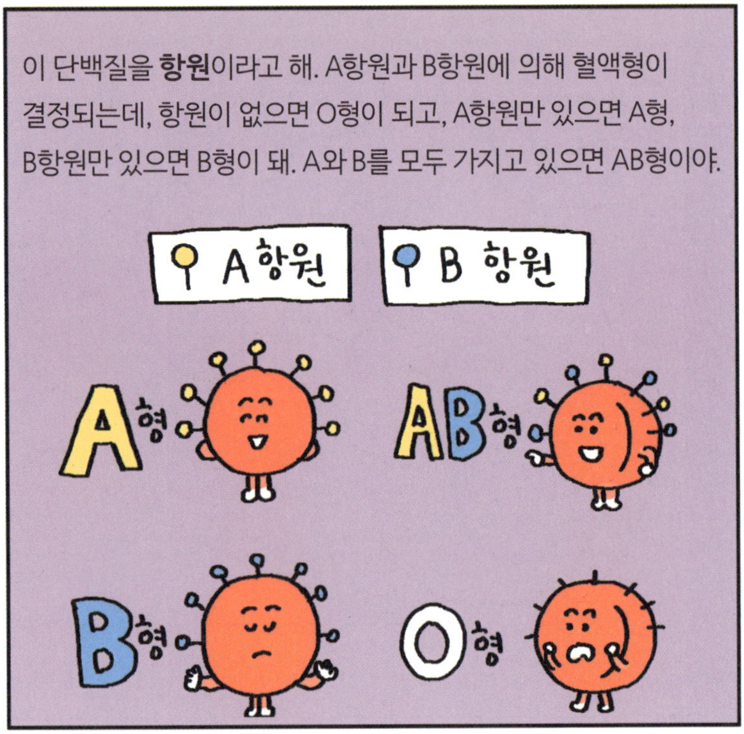

ABO식 혈액형의 유전 법칙

구분		어머니의 혈액형			
		A	B	O	AB
아버지의 혈액형	A	A,O	A,B,O,AB	A,O	A,B,AB
	B	A,B,O,AB	B,O	B,O	A,B,AB
	O	A,O	B,O	O	A,B
	AB	A,B,AB	A,B,AB	A,B	A,B,AB

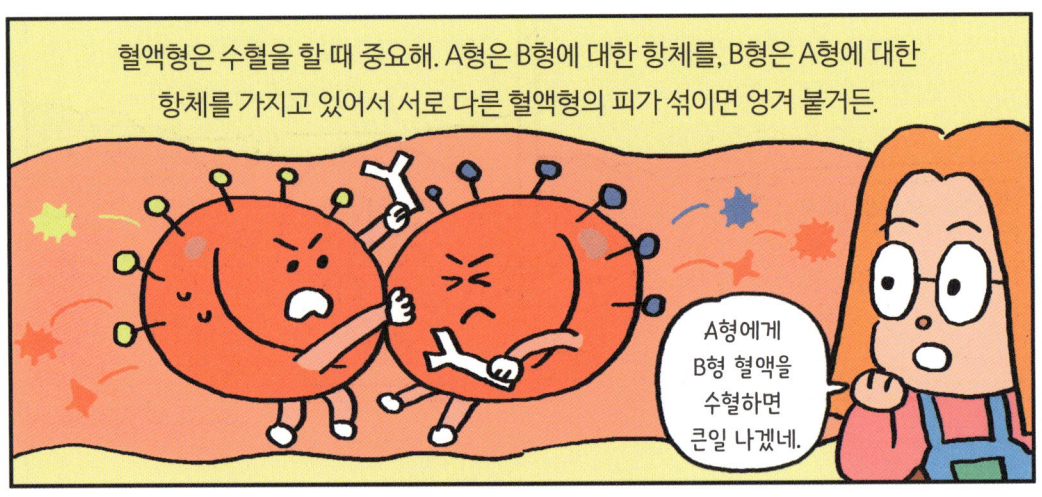

용식이가 갑자기 눈물을 뚝뚝 흘리기 시작했어. 뭐야 뭐야! 콧물까지 줄줄 흘리네. 어머머! 철퍼덕 주저앉아 엉엉엉 울잖아. 용주는 누가 보면 분명 자신이 울렸다고 오해할 거라 생각했어. 용주는 얼른 옷자락으로 용식이의 콧물도 닦아 줬어. 물론 용식이 옷으로 말이야.

"나… 주워 온…."

용식이는 다시 울기 시작했어.

"검사가 잘못됐을 거야."

용주의 말에 용식이는 뭔가 떠오른 듯했어.

"그래! 희귀 혈액형일 수도 있어. Cis-AB형은 A형 유전자와 B형 유전자가 함께 있어 유전될 때도 나뉘지 않아. 그래서 Cis-AB형과 O형 사이에서는 AB형이나 O형이 태어나지."

용주는 이런 상황에서도 설명을 하는 오빠가 대단하게 느껴졌어. 역시 인기 유튜버는 다르구나.

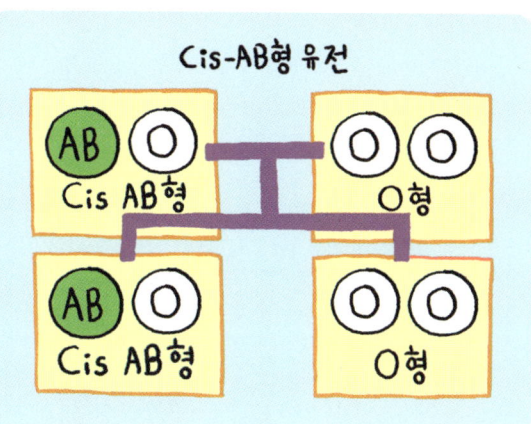
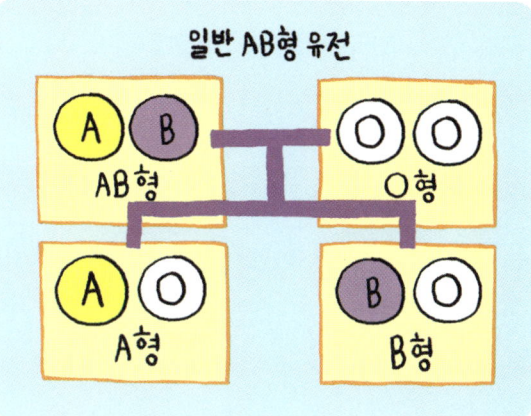

맛있는 유전과 함께하는
디저트 타임

빨간맛: 식용유님, 괜찮아?

헤매는 적혈구 떼: 희귀한 혈액형은 많으니 그중 하나일 수 있어.

카놀라유: Cis-AB형 말이지?

헤매는 적혈구 떼: 그거 말고도 많아. weak A형이나 weak B형은 O형으로 보이지.

피가 모자라: RH-형도 희귀 혈액형인가?

식용유: 우리나라 사람들 중 0.1~0.3%만이 RH-형이야. 우리가 보통 혈액형이라고 말하는 ABO식 혈액형은 A, B항원에 따라 결정되는데, **RH식 혈액형은 D항원이 있으면 RH+, 없으면 RH-형이라고 해.** 그러니까 A항원이랑 D항원을 가진 사람은 RH+ A형이 되는 거지.

내가 물로 보이냐: RH-는 RH- 피만 수혈을 받을 수 있다고 들었어.

카놀라유: 자신의 혈액형이 뭔지 잘 알고 있어야겠네.

다양한 희귀 혈액형

weak는 약하다는 뜻으로 해당 항원이 적어 O형으로 보이기도 해요.

D항원만 있고 C, c, E, e항원이 없으면 -D-(바디바바디바) D, C, c, E, e가 모두 없으면 RH null이라고 해요.

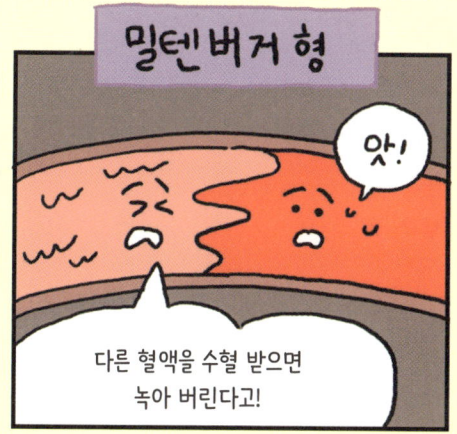

동남아시아 지역에서 발견되는 혈액형으로 이 혈액형의 보유자는 다른 혈액을 수혈 받으면 혈액이 녹아 위험해요.

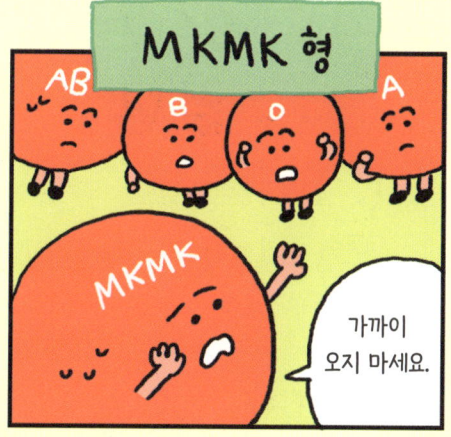

모든 혈액형에 대한 항체가 있어요. 같은 MKMK형끼리만 수혈이 가능해요.

문어문어 　지난번에 손가락을 베었는데 피가 새빨갛지 않고 거무죽죽했어. 왜일까?

 식용유 　피가 빨간 건 적혈구의 헤모글로빈 때문이야. 헤모글로빈은 산소를 넣는 바구니가 있는데 폐에서 산소를 받아 바구니가 꽉 차면 피는 새빨개지고 바구니가 비면 검붉은 색이 돼. 손을 살짝 베었을 때는 산소가 많지 않은 정맥의 피가 나왔던 거지.

 내가물로보이냐 　피에는 세포가 잔뜩 들어 있는데 왜 물처럼 보여?

 식용유 　피의 반 이상을 차지하는 혈장의 90%가 물로 되어 있거든.

피가모자라 뱀파이어는 적혈구랑 백혈구 중 어떤 걸 좋아할까?

 빨간맛 가리지 않고 다 먹는다!

 내가물로보이냐 나는 적혈구에 한 표!

 식용유 뱀파이어의 입맛은 모르겠지만 혈액은 우리 몸에서 중요한 역할을 해. 혈액의 압력이 높거나 낮은 경우, 어떤 성분이 부족하거나 이상이 생기면 병에 걸리거든.

혈액과 관련된 질병

혈압은 심장이 밀어낸 혈액이 혈관 벽에 미치는 힘을 말하는데 기준치보다 높으면 고혈압, 낮으면 저혈압이에요. 혈액 속 적혈구의 수가 적거나 헤모글로빈이 부족하면 빈혈이 생기고, 비정상적인 백혈구가 늘어나면 면역력이 떨어지는 백혈병에 걸립니다.

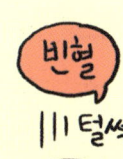

고혈압 - 심장 질환, 뇌출혈 위험
저혈압 - 어지럼증, 두통
빈혈 - 두통, 피로감
백혈병 - 빈혈, 출혈

 치킨버거 ★비밀 댓글★ 난 너랑 깜짝 놀랄만큼 닮았어. 믿지 못하겠으면 만나자.

'나랑 똑같이 닮았다고?'

용식이는 혼란스러웠어. 댓글을 본 용주도 놀라는 눈치였어.

"어쩌면 오빠의 혈액형이 B형인 이유도 알 수 있을지 몰라."

용식이는 조심스럽게 답글을 달았어.

'일요일 오전 10시에 서울역 시계탑 앞에서 만나자.'

용식이는 스파이라도 된 것 같아 조금 들떴어. 하지만 자신이 정말 아빠 엄마 아들이 아닐지도 모른다는 생각에 서글프기도 했지. 그때 갑자기 용주가 용식이의 어깨를 찰싹 때렸어.

"아야!"

용주가 허리에 손을 올린 채 용식이를 노려봤어. 용식이는 움찔했어. 용주는 힘도 세고 태권도도 잘하거든.

"혼자 이상한 생각하지 말라고. 알았지?"

용식이는 고개를 끄덕였어. 그런데 느닷없이 눈물이 핑 도는 거야. 절대 용주가 무서워서 우는 게 아니야. 옆에 있어 준 게 고맙기도 하고, 앞으로 어떤 일이 생길지 두렵기도 해서 그런 거야.

일요일, 용식이와 용주는 아침밥도 거르고 약속 장소로 나갔어.

"오빠 빨랑 와!"

재촉하던 용주가 입을 떡 벌린 채 어딘가를 가리켰어. 그곳에는 용식이를 쏙 빼닮은 아이가 서 있었지. 용식이 팔에 소름이 쫘악 돋았어.

"진짜 똑같이 생겼네!"

용식이 말에 용주는 맞장구를 쳤어.

"옷을 바꿔 입으면 누가 우리 오빠인지 모르겠는걸."

아이들은 얼른 가까운 버거퀸으로 들어갔어. 점심시간 전이라 그런지 가게는 텅 비어 있었어. 뒤이어 들어온 아저씨 한 명이 다였지. 지용이는 아저씨와 눈이 딱 마주쳤어. 안경 쓴 얼굴이 올빼미랑 똑 닮아 우스꽝스러웠지만 웃음이 나오지 않았어.

"나는 유용식이고, 애는 내 동생 용주야."

"나는 곽지용이라고 해."

서로 이름을 말하고 나니 더 어색해졌어. 결국 용주가 참지 못하고 테이블을 탁탁 두드렸어.

"일단 먹자. 아침도 못 먹었더니 배고파!"

용식이는 감자튀김을 생각했어. 감자튀김이라면 자다가도

벌떡 일어날 정도로 좋아하거든. 용주도 마찬가지야.

"왕커버거 세 개에 감자튀김은 당연히 사이즈업이지?"

지용이가 고개를 저었어.

"나는 감자튀김은 질색이야. 치킨버거랑 음료만 먹을래."

용주가 눈을 굴리며 물었어.

"음료는 콜라?"

"아니, 햄버거엔 환타지."

용식이는 지용이 식성이 전혀 다른 걸 알고 놀랐어. **유전자가 같은 일란성 쌍둥이라 해도 환경에 따라 성격이나 키, 식성 같은 게 달라진다는 말이 떠올랐지.** 감자튀김을 싫어하는 건 도저히 이해할 수 없었지만 말이야. 용식이는 다음 영상에서 쌍둥이를 다뤄야겠다고 생각했어.

여러분 안녕? 오늘은 쌍둥이에 대해 알려 줄게. 궁금한 친구들은 빨리 와!

쌍둥이는 똑같이 생긴 형제나 자매를 말하는 거지?

그렇기도 하고 아니기도 해.

쌍둥이는 **일란성 쌍둥이**와 **이란성 쌍둥이**가 있어. 난자와 정자가 만나면 수정란이 되는데, 수정란 상태에서 나눠지면 일란성 쌍둥이, 난자 여럿이 한꺼번에 나와서 수정란이 여러 개가 되면 이란성 쌍둥이라고 해.

일란성 쌍둥이

이란성 쌍둥이

수정란의 핵 안에는 세포가 성장하고 생존하며 생식하는 데 필요한 정보를 가진 염색체가 있어. 일란성 쌍둥이가 닮은 건 이 염색체의 유전자가 동일하기 때문이야.

수정란 시절이 생각나네...

염색체?

정말?

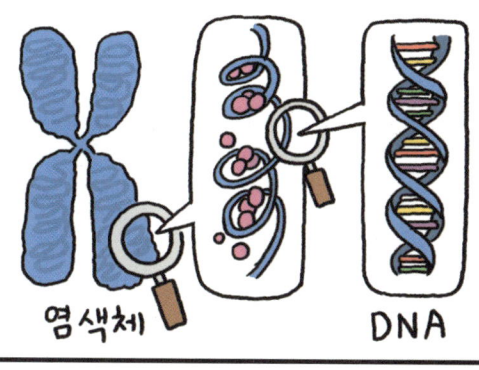

염색체는 유전 정보가 담긴 DNA의 묶음인데 DNA에서 몸을 만드는 설계도가 있는 부분을 유전자라고 해.

사람에게는 모양과 크기가 같은 염색체가 2개씩, 23쌍 존재해. 이것을 상동 염색체라고 불러. 23번 염색체는 성을 결정하는데, 남성은 XY, 여성은 XX로 나타나지.

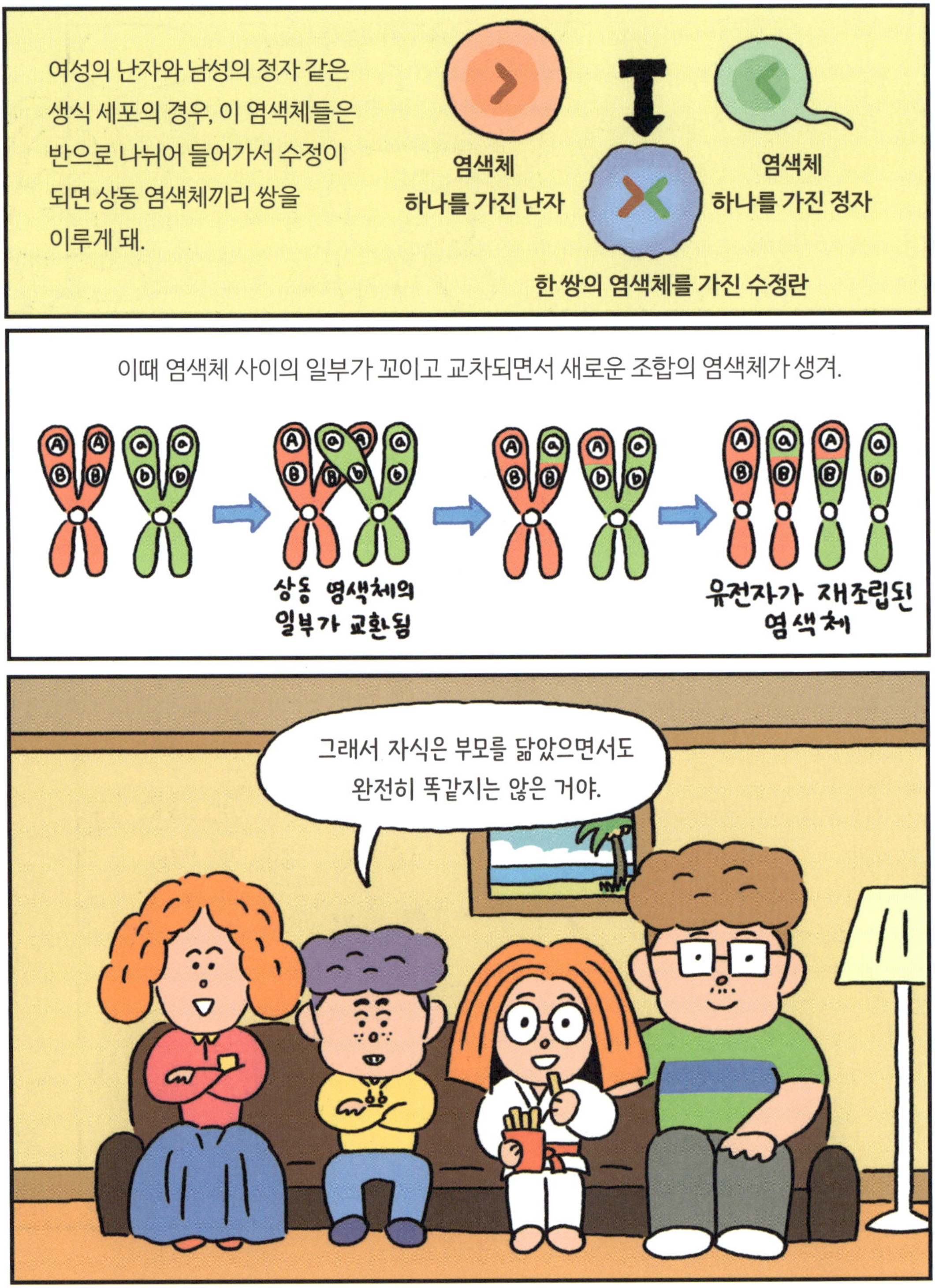

여성의 난자와 남성의 정자 같은 생식 세포의 경우, 이 염색체들은 반으로 나뉘어 들어가서 수정이 되면 상동 염색체끼리 쌍을 이루게 돼.

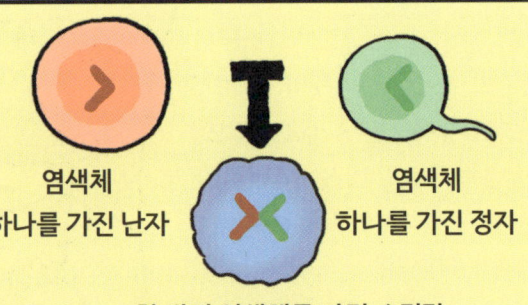

이때 염색체 사이의 일부가 꼬이고 교차되면서 새로운 조합의 염색체가 생겨.

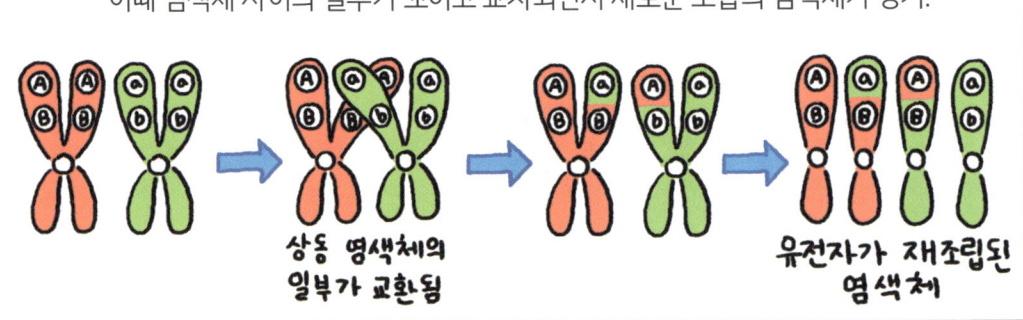

그래서 자식은 부모를 닮았으면서도 완전히 똑같지는 않은 거야.

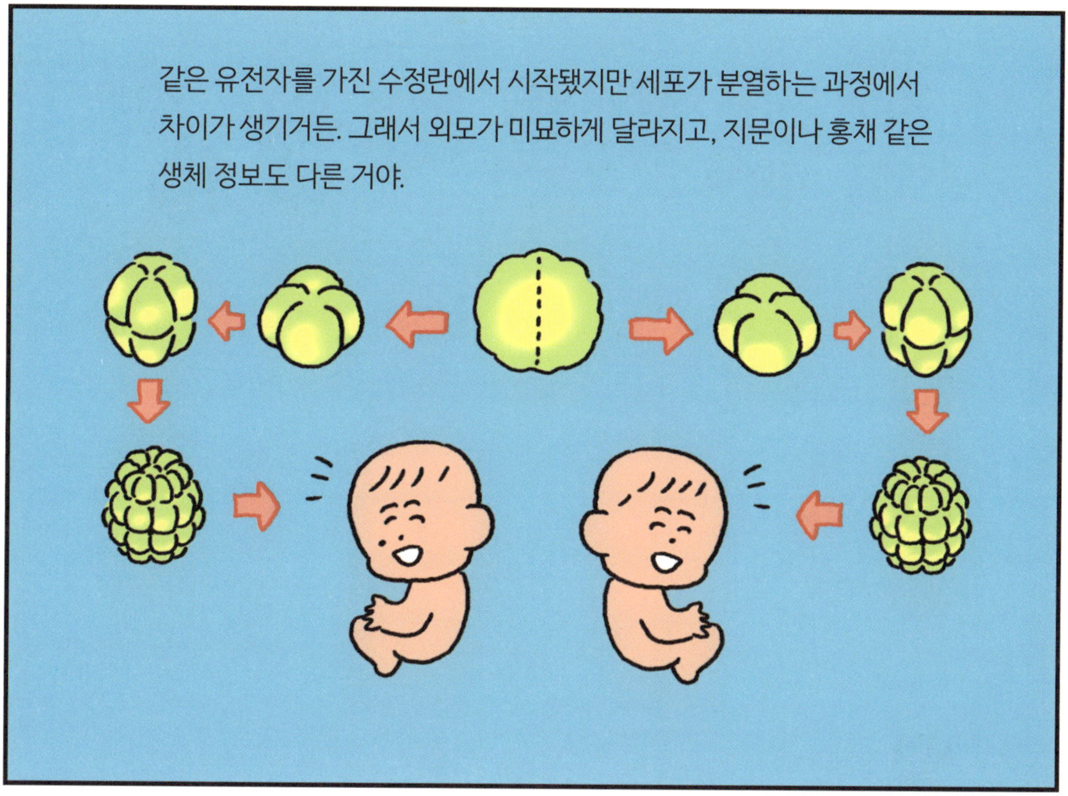

같은 유전자를 가진 수정란에서 시작됐지만 세포가 분열하는 과정에서 차이가 생기거든. 그래서 외모가 미묘하게 달라지고, 지문이나 홍채 같은 생체 정보도 다른 거야.

 카놀라유 일란성 쌍둥이인데 좋아하는 음식이 다를 수 있어?

 식용유 환경의 영향으로 형질이 달라지면 그럴 수 있지.

 내가물로보이냐 형질이 뭐야?

 식용유 생물이 가진 모양이나 성질을 말해. 유전자에 따라 달라지는 **유전 형질**과 환경에 따라 달라지는 **획득 형질**이 있지.

 카놀라유 아하! 감자튀김을 싫어하는 건 획득 형질이겠구나.

 치킨버거 내 이야기 하지 마. 귀 간지러워.

 카놀라유 까탈스러운 성격도 획득 형질이구나.

 헤매는 적혈구 떼 유전 형질과 획득 형질에는 또 뭐가 있을까?

 식용유 눈동자 색이나 머리카락 색처럼 유전자가 모습을 드러내는 건 유전 형질이야. 하지만 둘 다 하얀 피부를 타고 났어도 한 명이 밖에서 놀기 좋아하면 그 애는 피부가 까맣게 그을리겠지. 운동해서 근육이 생기는 것도 획득 형질이라 유전되지 않아.

용주의 관찰 보고서

용식 오빠와 지용 오빠는 일란성 쌍둥이일까?

문어문어
 식용유

남자에게만 유전되는 형질이 있다는 게 사실이야?

성염색체에 있는 유전자에 의해 일어나는 유전이라면 그럴 수 있어.

성염색체에 의해 유전되는 현상으로 **반성 유전**과 **한성 유전**이 있어. 반성 유전은 X염색체에 있는 유전자에 의해 일어나.

'한성'이란 한쪽 성에만 있는 염색체라는 의미로, Y염색체를 말해. Y염색체에 의해 일어나는 유전으로는 귓구멍 입구에 털이 많이 자라는 귓속 털 유전이 있지.

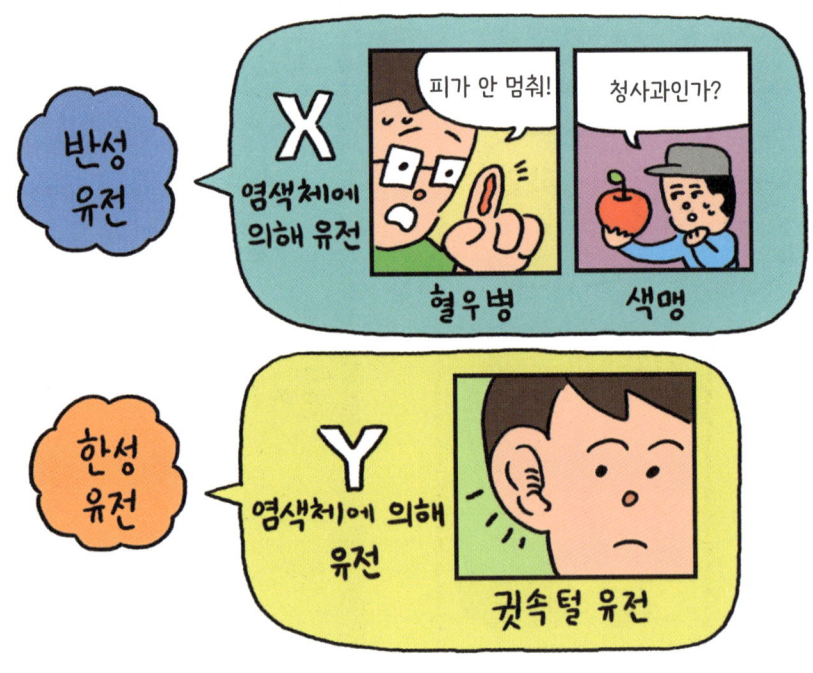

💀	**Dr.노벨상은 내 거**	크크크, 드디어 밝힐 때가 되었군. 내가 식용유, 너의 아버지란다.
👤	**바나나나나**	뭐라는 거야?
👤	**문어문어**	그럼 난 엄마다!
🔴	**빨간맛**	아빠~ 용돈 좀 주세요!
💀	**Dr.노벨상은 내 거**	내가 진짜 아버지라니까.
🧍	**피가모자라**	뉘뉘~
🍔	**치킨버거**	@식용유 댓글 관리 좀 해야겠는데?

자식은 어떻게 부모를 닮을까?

3장

"우리, 서로 집을 바꿔 볼까?"

지용이 말에 용식이는 눈이 번쩍 뜨였어. 생각보다 훨씬 대범한 친구잖아? 서로의 존재를 알게 된 후, 용식이와 지용이는 부모님 몰래 연락을 주고받으며 출생의 비밀을 알아내려고 했어. 하지만 용식이의 부러진 뼈가 붙을 때까지도 실마리는 풀리지 않았어. 용식이는 부모님께 물어볼까도 생각했지만 어차피 사실대로 말해 주지 않을 것 같았지. 지용이 역시 부모님께 말하기 곤란하다고 했어.

그런데 지용이가 일주일만 서로 집을 바꿔서 지내면 어떻겠냐고 제안한 거야. 미처 발견하지 못한 단서를 새로운 눈으로 보면 찾을 수 있을지도 모르니까! 그 말을 들은 용주는 씩 웃었어.

"재미있을 것 같다. 무슨 비밀이 숨어 있는지 싸악 파헤쳐 보자고."

때마침 방학이 시작되어 시기도 딱이었지.

용식이와 지용이는 옷을 바꿔 입고 휴대폰에 저장된 사진을 보며 부모님 얼굴도 외웠어. 용주는 신이 나서 서로의 습관이랑 말투를 연습하라고 달달 볶았어.

그런데 막상 헤어질 때가 되자 용주 눈이 글썽거리는 거야. 용식이는 태연한 척 말했어.

"엄마 아빠한테 들키지 않게 용주 네가 많이 도와줘."

"내 걱정은 말라고. 너야 말로 조심해."

지용이는 자신만만해 보였어.

설명해 준 대로 찾아간 지용이네 집은 으리으리했어.
용식이는 조심스럽게 집으로 들어갔지. 그런데 들어가자마자
지용이 엄마랑 마주치고 말았어.
　자신이 지용이가 아닌 걸 눈치채지 않을까 마음을 졸이는데
갑자기 지용이 엄마가 머리를 쓱쓱 쓰다듬으며 다정하게
물었어.
　"우리 아들, 무슨 일 있어?"

들키지 않았다는 안도감에 마음을 놓고 고개를 든 순간, 용식이는 깜짝 놀랐어.

지용이 엄마도 진한 쌍커풀이 있었어. 용식이네 가족은 모두 외꺼풀인데 용식이만 쌍꺼풀이 있거든. 용식이는 갑자기 코끝이 찡해졌지만 억지로 웃어 보였어.

용식이는 방에 들어가 침대에 누웠어. 그러고는 피곤했는지 깜빡 잠이 들었나 봐. 벨 소리에 깨어 휴대폰을 봤더니 용주였어.

용식이는 지용이네 집 이야기를 하다가 쌍꺼풀 이야기까지 하게 됐어. 용식이의 한숨 소리에 용주가 조심스럽게 물었어.

"뭐가 문제인데? 난 쌍꺼풀 있는 큰 눈이 부러운걸."

"쌍꺼풀은 우성이거든. 내 눈꺼풀을 만든 유전자가 지용이 엄마에게 온 것 같다는 생각이 들어서."

용주는 힘 빠진 목소리로 말했어.

"역시 쌍꺼풀은 좋은 거구나. 우성이라니."

"단지 겉으로 드러나는 형질을 우성이라고 하고, 숨어 있는 형질을 열성이라고 부르는 것뿐이야."

"쌍꺼풀 말고 알아볼 수 있는 형질이 또 있을까?"

용주는 울적한 용식이를 달래 주기 위해 이것저것 묻기 시작했어. 용식이는 설명하는 걸 참 좋아하거든.

"혀를 내밀어서 U자 형으로 말아 봐. **혀를 말 수 있는지, 없는지도 형질이야. 또 PTC라는 약 맛만 잘 느끼지 못하는 미맹, 색을 구분하지 못하는 색맹도 열성으로 유전되는 형질이지.**"

"난 혀 말기가 안 되네. 슬프다."

"혀 말기를 못하는 건 단지 특징일 뿐이야. 하지만 어떤 유전은 기형이나 병을 일으키기도 하는데, 이것을 이상 형질이라고 불러."

정상 형질의 유전

	우성	열성
머리카락 모양	곱슬머리	곧은 머리
눈동자 색	갈색	파란색
눈꺼풀	쌍꺼풀	외꺼풀
귓불 모양	떨어져 있음	붙어 있음
혀 말기	가능	불가능
주근깨	있음	없음

이상 형질의 유전

	우성	열성
다지증	다지	정상
합지증	합지	정상
단지증	단지	정상
색맹	정상	색맹
혈우병	정상	혈우병
PTC 미맹	정상	PTC 미맹
선천성 청각 장애	정상	선천성 청각 장애
구순 구개열	정상	구순 구개열
백색증(알비노)	정상	백색증
겸상적혈구빈혈증	정상	겸상적혈구빈혈증

생활하는 데 불편하지는 않아요.

"근데 엄마 아빠는 두 사람 다 우성인 곱슬머리인데 왜 난 곧은 머리지?"

"그건 부모님이 겉으로 드러나지 않는 열성 형질을 가지고 있어서야. 부모가 우성과 열성을 모두 가지고 있는 잡종이면 25% 확률로 열성이 유전되거든. 아래 가계도를 봐. 대문자 B는 곱슬머리, 소문자 b는 곧은 머리를 만드는 유전자야."

"참, 지용이는 들키지 않고 잘하고 있어?"

용주는 지용이가 했던 일들을 들려줬어. 지용이가 채소를 맛있게 먹어서 엄마에게 칭찬을 받았고, 지금은 아빠랑 같이 운동을 하러 나갔대. 용식이는 어이가 없었지.

"나중에 진짜 나를 보고 실망하시면 어떡하지?"

용주는 화제를 돌리려고 다락방 얘기를 꺼냈어. 지용이네 집은 오래된 주택인데 3층에 사용하지 않는 다락방이 있었어. 청소도 제대로 하지 않아 먼지로 가득할 테지만 비밀스러운 물건을 숨겨 두기에는 딱이었지. 용주는 모레 부모님이 동창 모임에 가신 틈에 지용이랑 둘이 다락방을 찾아 볼 거라고 했어.

"오빠, 기운 내."

전화기 너머로 용주의 마음이 전해졌나 봐. 이상하게 그 말을 들으니 정말 기운이 났어. 용식이는 자신과 지용이에게 어떤 비밀이 있는지 꼭 알아내고 말겠다고 생각했어. 그리고 그때까지 해야 할 일을 꾸준히 해 나가야겠지.

용식이는 오늘 눈으로 확인한 우성과 열성을 주제로 방송을 하기 위해 실시간 화상 프로그램을 켰어. 용주와 다른 곳에 있지만 실시간 화상 프로그램을 켜면 함께 영상을 찍을 수 있으니까!

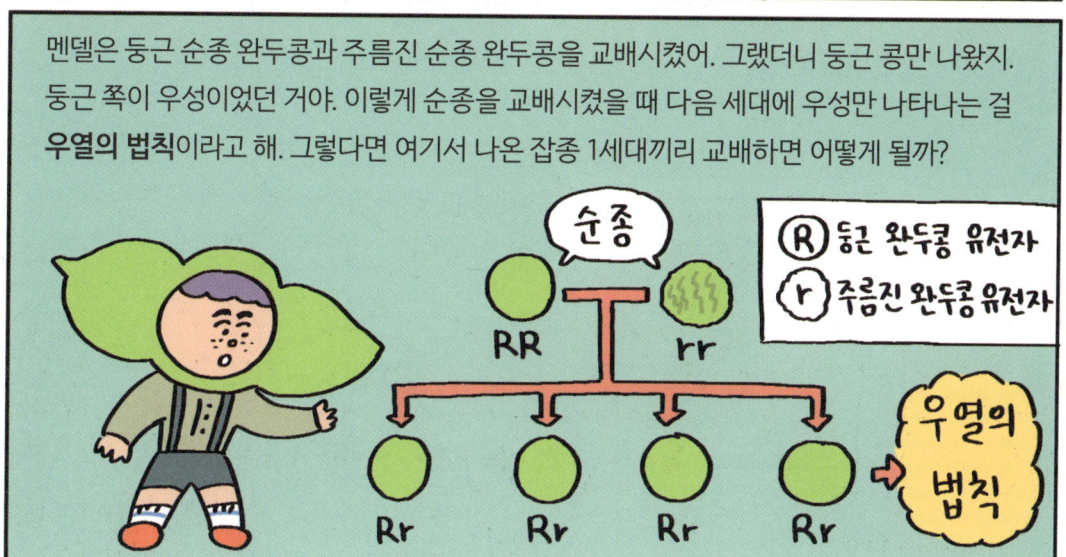

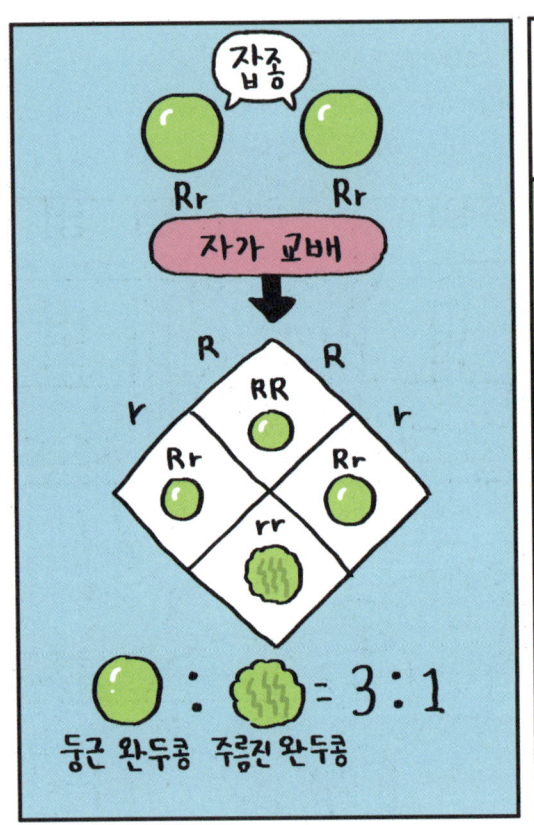

겉으로는 매끈하지만 열성인 주름진 형질을 가지고 있으니까 둥근 완두콩과 주름진 완두콩이 3:1 비율로 나왔구나.

분리의 법칙

완두콩 모양처럼 형질을 나타내는 유전 인자가 섞여도 사라지지 않고 우성과 열성으로 분리되어 나타나는 걸 분리의 법칙이라고 해.

중간 유전은 우열 관계가 분명하지 않아서 중간 형질이 나타나는 걸 말해. 빨간 분꽃과 흰 분꽃을 수정시키면 분홍색 분꽃이 나오는 것처럼 말이야. 그리고 독립 법칙은….

중간 유전

법칙이 또 있어…?

문어문어	완두콩 이야기를 들으니까 신기하다. 콩의 모양이랑 색깔말고도 유전되는 특징이 더 있을까?
식용유	멘델은 완두콩에서 대립 형질 7가지를 알아냈어.
카놀라유	대립 형질은 또 뭔데?
내가 물로 보이냐	뚜렷하게 대조되어서 나타나는 형질을 말해.
식용유	오른쪽 그림을 보면 7가지의 구분되는 특징을 한눈에 알 수 있어. 여기서 왼쪽 특징이 우성 형질이야.

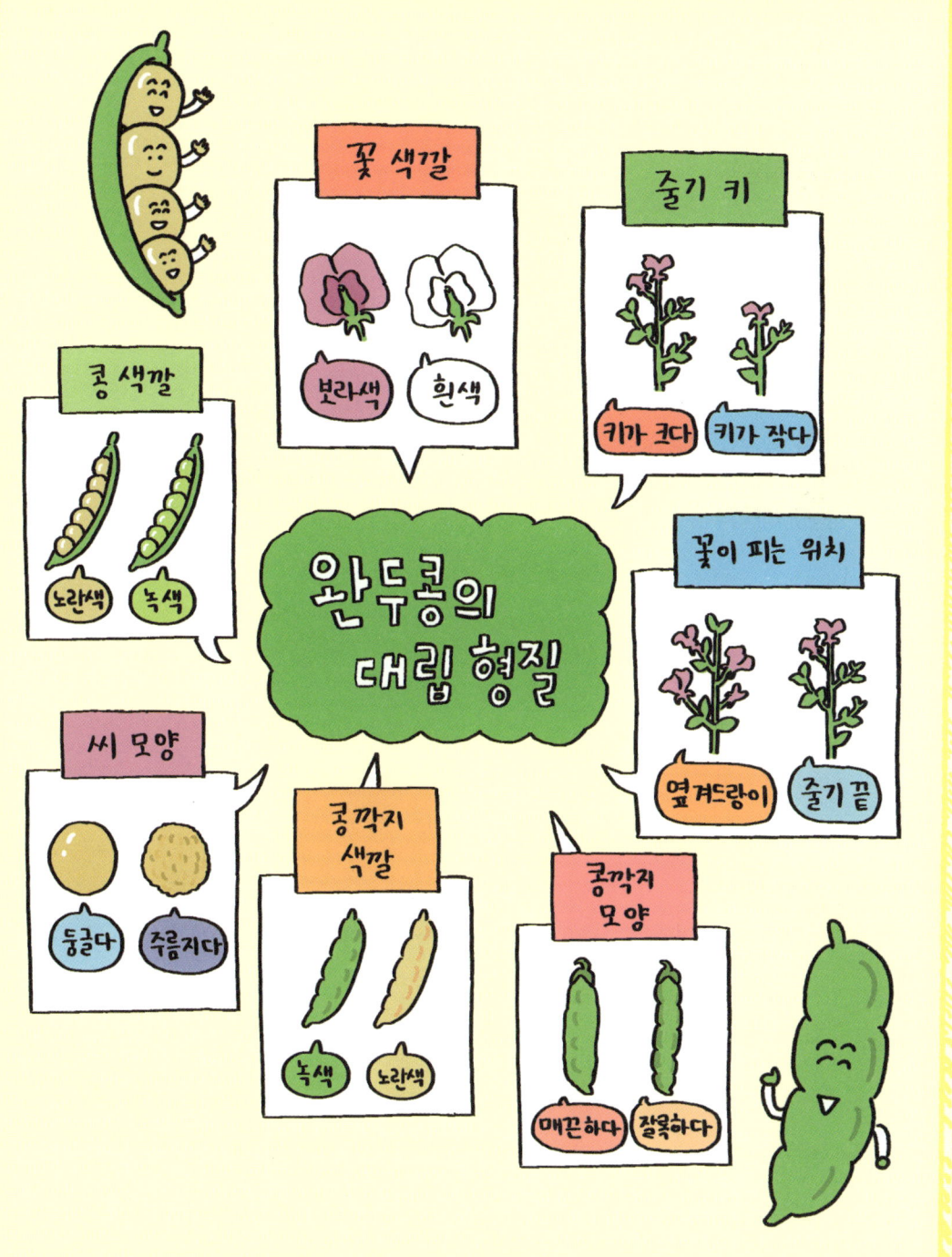

내가 물로 보이냐   그런데 사람은 키가 크다, 작다 혹은 머리가 좋다, 나쁘다 같은 기준으로 나눌 수 없잖아.

 식용유   맞아. 우성과 열성으로 설명하는 귓불 모양, 눈동자 색은 단일 인자 유전이야. 겉으로 모양을 나타내는 유전 인자가 하나라 우성과 열성을 분명하게 알 수 있지. 하지만 내물보님 말대로 키나 지능은 우성과 열성을 구분할 수 없어.

해당 댓글은 차단되었습니다.

 Dr. 노벨상은 내 거   식용유, 내가 니 아빠라니까.

 식용유   다인자 유전은 여러 개의 유전자가 관여해서 명확하게 구분하기 어려워. 또 환경의 영향을 받기 때문에 어떤 환경에서, 어떤 음식을 먹고, 어떤 교육을 받았는지에 따라 얼마든지 달라질 수 있어.

 빨간맛   오늘 병원에서 이상한 일이 있었어. 점이 잔뜩 찍힌 책을 보고 읽어 보라고 하더라고.

 식용유   색맹 검사를 받았구나. 색맹도 유전되는 형질 중 하나지. 색맹이라고 하면 세상이 흑백으로 보인다고 오해하기도 하는데, 모든 색을 구별하지 못하는 전색맹은 인구의 0.003%만 있을 정도로 아주 드물어.

색맹은 어떻게 알 수 있을까?

색맹은 모든 색을 구별하지 못하는 **전색맹**과 특정한 색만 구별하지 못하는 **부분 색맹**으로 나뉘어요. 부분 색맹은 붉은색과 녹색을 구분하지 못하는 **적록 색맹**, 노란색과 파란색을 구분하지 못하는 **황청 색맹**이 있습니다.

색약은 색을 구별하는 능력이 부족한 것을 말해요. 색맹인지 검사할 때는 아래와 같이 여러 색깔 점이 찍혀 있는 그림을 보고 그림이나 숫자를 읽게 해요.

여러분은 숫자가 잘 보이나요?

흠….

4장 유전자 변형 식품, 먹어도 될까?

"지용이는 이런 곳에서 사는구나."

용식이는 여전히 집이 낯설었지만 출생의 비밀에 대한 호기심이 더 컸기에 지용이인 척 연기를 계속했어. 아침 식탁에 앉은 용식이는 또 놀랐어. 빵과 샐러드, 달걀 프라이가 차려져 있었거든. 용식이네 집은 밥심으로 사는 거라며 꼭 밥을 먹는데.

바삭하게 구운 식빵에 달걀, 베이컨 조합이 환상이었어. 하지만 샐러드에서 오이는 빼고 먹었어. 파프리카도, 샐러리도. 그런데 갑자기 뒤에서 발소리가 들렸어.

"파프리카는 왜 안 먹고? 제일 좋아하는 거잖아."

용식이는 공손하게 인사했어. 지용이 아빠는 인사를 중요하게 생각한다고 지용이가 그랬거든.

지용이 아빠는 태블릿을 식탁에 놓고 뭔가를 읽고 있었어. 곁눈질로 보니 종자에 대한 기사였어.

"토종 씨앗을 연구하고 있다니 다행이다."

무심코 혼잣말을 하는데 지용이 아빠가 눈을 반짝였어.

"그렇고말고. **우리가 먹는 채소 가운데 절반은 다른 나라에서 씨앗을 사 오니 말이야.**"

"파프리카나 시금치, 토마토 씨앗도 많이 사 온다면서요. 우리나라에서 가장 큰 종묘 회사도 외국에 팔렸다고 들었어요."

용식이는 억지로 파프리카를 입에 넣었어.

'지용이 녀석, 이런 맛없는 채소를 매일 먹으니 까탈스러워질 수밖에.'

그런데 느닷없이 지용이 아빠가 용식이 손을 덥석 잡았어.

"드디어 아빠 일에 관심이 생겼구나."

'지용이 아빠가 연구소에서 일하신다고 했던 거 같은데. 설마 씨앗 연구를 하셨어?'

이러지도 저러지도 못한 채 눈만 굴리는데 지용이 아빠가 행복한 표정으로 말했어.

"오늘 아빠 회사 같이 가 볼래? 보여 주고 싶은 게 많단다."

용식이는 움찔했어. 오래 같이 있으면 정체를 들킬지도 모르는데. 하지만 지용이 아빠는 거절할 틈을 주지 않았지.

어느새 용식이는 '지(G)-레이트'라는 이름의 회사 앞에 도착했어. 지용이 아빠는 종자 연구소 소장이었던 거야. 용식이는 이왕 이렇게 된 거 궁금했던 것도 실컷 물어보고 지용이가 점수를 따게 도와줘야겠다고 생각했어. 지용이 아빠는 설명을 하고 싶어 입이 근질거리는 것처럼 보였거든.
"품종 개량과 유전자 변형은 어떻게 다른 거예요?"
"품종 개량은 종이 같은 두 식물을 교배하거나 접붙여서 나온 결과 가운데에서 좋은 걸 골라내는 거고, 유전자 변형은

식물의 특정 유전자를 고르고 바꿔서 원하는 식물을 만드는 거지."

연구실로 들어간 용식이는 눈이 휘둥그레져서 여기저기를 살폈어.

"토마토 뿌리에서 감자가 자라고 있어요!"

신이 난 용식이를 보며 지용이 아빠는 만족스럽게 웃었어.

"포마토라고 해. 토마토와 감자 유전자를 합친 거지. 식물 유전자를 연구해서 맛도 좋고 키우기도 쉬운 작물을 개발할 수

있단다. 해충이나 바이러스에 강하면 농약을 적게 써도 되니 환경에도 이롭지."

지용이 아빠는 아들이 커서 식물 유전자에 대한 연구를 했으면 하는 눈치였어. 사실 용식이는 유전자 변형 식품이 위험하다는 생각을 가지고 있었어. 그런데 지용이 아빠가 유전자 변형에 찬성하는 것 같아 마음이 불편해졌지.

"우수한 형질의 품종을 보존하는 것만으로는 안 되나요? 유전자 변형 식품이 사람 몸에 나쁜 영향을 미치면 어떻게 해요?"

지용이 아빠는 진지한 얼굴로 말했어.

"**유전자 변형 식품인 GMO(genetically modified organism)가 몸에 나쁘다는 주장도 있고, 문제없다는 의견도 있지만 누구도 정확하게는 몰라.** 그러니 연구를 해야지. 우리가 유전자 변형 기술에 대해 거부감을 갖고 연구를 게을리한다면 미래에는 외국 기업에게서 모든 종자를 사 오게 될지도 몰라. 그럼 남의 손에 우리 식량을 맡기는 꼴이 되잖니."

용식이는 지용이 아빠의 생각을 조금은 이해할 수 있었어. 이렇게 멋진 아빠를 두다니 지용이가 부럽기도 했어.

과학자들은 유전자를 변형시켜 해충과 바이러스에 강하고, 더 빨리 자라고, 물도 덜 필요한데다 더위나 추위에 강한 식물을 만들었어. 또, 사람에게 필요한 비타민이나 철분 같은 물질을 만드는 식물도 있지.

맛있는 유전과 함께하는
디저트 타임

	피가모자라	처음으로 유전자 변형 생물을 만든 곳이 어디야?
	식용유	미국에 있는 몬산토라는 기업이야.
	치킨버거	몬산토라면 고엽제 만들던 회사 아니야?
	내가물로보이냐	고엽제는 식물을 죽이는 제초제잖아.

미국은 베트남과의 전쟁 중에 에이전트 오렌지라는 고엽제를 뿌렸어. 그 결과 많은 사람이 죽고 기형을 가진 아이들이 태어났지.

식용유

몬산토는 1982년에 유전자 변형 실험에 성공하고 나서 1996년부터 본격적으로 유전자 변형 작물을 만드는 일에 집중하고 있대. 해충에 강한 목화씨나 제초제에도 멀쩡한 콩 같은 거 말이지.

세계적인 GMO 생산 기업, 몬산토

유전자 변형 식품의 90%에 대해 특허권을 가진 몬산토는 유전자 변형 종자를 전 세계에 수출하고 있어요. 베트남 전쟁 중에는 화학 무기인 '에이전트 오렌지(Agent Orange)'를 미군에 공급하기도 했죠. 1971년 에이전트 오렌지의 사용이 금지되자, 환경 친화적이라는 '라운드업(Roundup)' 제초제를 판매했지만 내성이 생긴 슈퍼 잡초를 제거하지 못하고 토양 오염을 일으켰어요. 1982년 이후로는 옥수수, 목화, 지방 종자(콩과 유채), 채소 종자를 생산하여 판매하고 있어요.

문어문어 　제초제에도 멀쩡하다고? 위험한 고엽제를 만든 회사에서 만드는 건데 믿어도 됨?

 식용유 　몬산토는 제초제를 만들고 그 제초제에 강한 식물을 유전자 변형으로 만들었어. 하지만 제초제의 성분이 암을 일으킬 수 있다는 사실이 밝혀지면서 세계 각국에서 위험성을 알리는 시위가 이어지고 있지.

 치킨버거 　그런데 왜 그런 회사에서 씨앗을 사?

 식용유 　유전자 변형 생물이 키우기 편한 건 사실이니까. 그리고 몬산토는 워낙 많은 씨앗을 독점하고 있고. 몬산토는 2018년 독일 제약사인 바이엘에 팔렸어.

 내가물로보이냐 　만세! 그럼 이제 몬산토는 없네.

식용유 　몬산토라는 이름은 더 이상 사용하지 않지만 개발된 품종은 여전히 남아 있고 유전자 연구도 계속되고 있어. 그러니 우리도 계속 관심을 가지고 지켜봐야겠지.

유전자 변형 식품 더 알아보기

Q. 유전자 변형 식품을 먹으면 우리 몸의 DNA도 바뀌나요?

A. 우리가 먹은 식품의 유전자는 위액이나 소화 효소와 만나면 분해되어 완전히 없어집니다. 유전자 변형 식품을 먹었다고 사람의 유전자가 변형되지는 않아요.

Q. 우리나라에서도 유전자 변형 작물을 키우고 있나요?

A. 대표적인 유전자 변형 작물인 콩과 목화는 2017년 기준으로 전 세계 재배 면적의 80%를 차지할 정도라고 해요. 우리나라에서는 상업적으로 재배되고 있지는 않아요. 하지만 해마다 1000만 톤 정도의 GMO를 수입하고 있으며 수입한 유전자 변형 콩이나 옥수수는 다양한 식품의 주원료나 첨가물로 사용되고 있어요.

Q. 유전자 변형 작물이 생태계를 파괴할 수도 있다면서요?

A. 유전자 재조합을 통해 해충에 강한 식물을 만들었는데, 그 결과로 해충이 돌연변이를 일으켜, 먹이 사슬에 문제가 생길 수도 있어요. 또 유전자 변형 작물의 꽃가루나 씨앗이 바람이나 동물에 의해 퍼지면 어떤 결과가 나올지 예측할 수 없지요.

"지용 오빠, 서두르자."

용식이가 종자 회사를 방문한 다음 날, 용주와 지용이는 다락방을 찾아 보기로 했어. 용주는 부모님이 좀처럼 물건을 버리지 못하는 성격이라 만약 비밀을 푸는 단서가 남아 있다면 분명 다락방에 있을 거라고 했지. 용주는 자신만만하게 앞장을 섰어. 지용이는 용주를 따라가다가 창밖에 어른거리는 그림자를 보았어.

'어, 누구지?'

지용이가 창가로 다가서자 용주가 재촉했어.

"뭐 해? 빨리 와."

다락방은 엉망진창이었어. 어디서부터 찾아야 할지 손을 대기 어려웠지. 지용이는 지저분한 건 딱 질색이었지만 용주는 잔뜩 쌓인 물건과 먼지를 보고도 전혀 겁을 먹지 않고 달려들었어.

용주는 먼지 쌓인 짐 더미를 헤쳤어. 지용이도 조심스럽게 서랍이며 상자를 열어 보면서 단서가 될 만한 걸 찾았지. 하지만 특별한 건 아무것도 없었어. 한참이 지나고 지친 지용이가 그만 포기하고 내려가자고 말하려는 순간, 용주가 소리쳤어.

"이거 봐!"

용주가 의기양양하게 노트를 내밀었어.

"엄마가 쓴 육아 일기야."

둘은 일기를 읽어 내려가기 시작했어. 하지만 기대했던 출생의 비밀 같은 건 없었지.

용주는 아쉬운 마음에 일기장을 놓지 못한 채 먼지를 탈탈 털었어. 먼지가 풀썩 날리자 지용이가 기침을 했어.

"으, 먼지. 난 먼지 알레르기가 있다고."

"예민하기는. 어? 이게 뭐지?"

일기장 사이로 뭔가 삐죽 나왔어. 난임 센터라고 적힌 병원 카드였지.

"용식아, 궁금한 게 있는데…."

"지용 오빠, 난임 센터가 뭐야?"

"글쎄…. 아무래도 용식이에게 물어봐야겠다. 용식이는 모르는 게 없으니까."

문득 지용이는 아빠와 용식이가 닮았다는 생각이 들었어. 아빠도 과학자이고, 용식이도 과학을 잘하잖아.

'나만 과학을 싫어하다니, 돌연변이가 아닐까?'

지용이는 여러 가지 생각이 들었지만 애써 떨쳐 냈어. 그리고 용식이에게 전화를 했지.

"다락방에서 찾은 일기장에서 난임 센터 카드가 나왔어."

"난임 센터라고?"

"난임 센터는 임신이 어려운 사람들에게 인공 수정이나 시험관 아기 시술을 해 주는 곳이야."

"시험관에서 아기가 나온다고?"

지용이가 놀라자 용식이는 고개를 절레절레 저었어.

"시험관 아기 시술의 정식 명칭은

체외 수정 및 배아 이식이라고 해. 난자와 정자를 시험관에서 수정시켜 2~5일 동안 키우면 수정란의 세포가 분열하기 시작해. 이 상태를 배아라고 부르는데, 배아를 여성의 자궁에 이식해 임신이 되도록 하는 방법이지."

용식이는 마치 준비한 것처럼 술술 설명했어.

"시험관 아기 시술을 하면 우리처럼 닮은 아이가 태어나는 거야?"

"여러 개의 배아를 이식하기 때문에 쌍둥이가 태어날 확률이 높아져. 하지만 이때 배아는 각각 다른 정자와 난자가 수정된 거야. 그러니까 이란성 쌍둥이가 태어나는 거지."

지용이는 잠시 생각하더니 말했어.

"센터에 가 보자! 뭔가 알 수 있을지도 모르잖아."

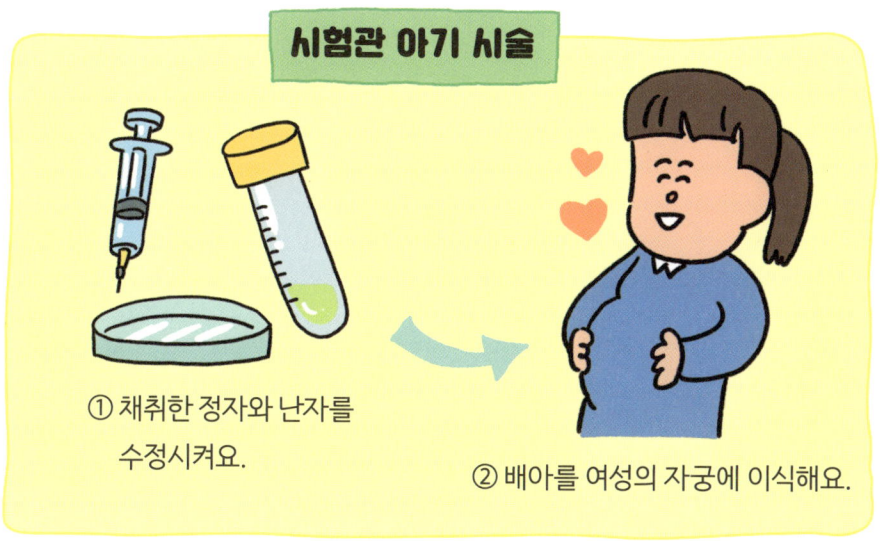

시험관 아기 시술

① 채취한 정자와 난자를 수정시켜요.

② 배아를 여성의 자궁에 이식해요.

해가 지고 난 뒤, 용식이와 지용이는 난임 센터를 찾아갔어. 용주에게는 비밀로 했지. 알게 되면 분명히 따라오려고 했을 테니까.

경비원을 피해 몰래 건물 안으로 들어간 아이들은 한숨 돌리기도 전에 그만 연구원과 딱 마주치고 말았어. 하얀 가운을 입고 독특한 안경을 쓴 사람이었지.

"낮에 체험 학습 왔던 학생들이구나. 지금까지 헤매고 있었던 거냐?"

"아… 네, 맞아요."

"입구까지 데려다 줄 테니 따라오거라."

용식이가 태연하게 거짓말을 했어. 아무 곳이나 돌아다니지 말라고 혼이 날 줄 알았는데 친절한 사람을 만나서 다행이라고 생각했지. 그런데 지용이는 이상하게 연구원이 낯이 익었어.

'저 안경 어디서 본 것 같은데?'

지용이는 미간을 찌푸리며 기억을 더듬었지만 아무것도 떠오르지 않았어.

"나는 남박사라고 한다. 여기서 20년 이상 유전에 대해 연구했지."

남박사는 자신을 소개하더니 앞장서서 걷기 시작했어. 둘은 뒤따라가면서 연구소를 살폈어. 길을 익혀 두고 문으로 나가는 척했다가 다시 들어올 생각이었거든. 그런데 남박사가 갑자기 돌아섰어.

"너희들 알비노 동물 본 적 있니? 얼마 전에 연구소에 새 식구가 태어났는데…."

말이 끝나기도 전에 용식이가 눈을 반짝이며 대답했어.

"알비노라면 피부, 털, 눈이나 몸의 일부분이 하얗게 나타나는 유전병 말이지요?" 멜라닌 세포에서 멜라닌 색소 합성이 되지 않는 유전 질환이잖아요. 피부를 보호하는 멜라닌이 부족하면 자외선에 의한 화상을 입기 쉽고, 피부암이 발생할 확률이 높아 주의해야 하죠."

"그래, 잘 알고 있구나."

"보고 싶어요. 보여 주세요!"

박사는 뭐가 그리 신나는지 콧노래를 부르며 두 사람을 구석의 작은 방으로 데려갔어.

"들어가 보렴. 모두 내가 만든 결과물이란다."

용식이와 지용이가 들어선 방에는 뱀, 쥐, 개, 캥거루, 사슴 같은 동물들이 가득했어. 동물원 같았지만 모두 하얗다는 점이 달랐지. 갇혀 있던 동물들은 남박사를 보고 흥분해서 날뛰기 시작했어. 그 순간 철커덕 소리와 함께 남박사가 문에 자물쇠를 걸어 잠갔어. 그리고 열쇠를 주머니에 넣고는 미친 듯이 웃기 시작했지.

"우하하하! 내 실험의 결정체! 복제 인간 clone-1001, clone-1002. 이렇게 제 발로 찾아올 줄이야! 이제 연구를 마무리할 시간이 되었어. 노벨상은 내 거야!"

용식이가 비명을 질렀어.

"Dr. 노벨상!"

지용이도 소리쳤어.

"낯이 익다 했더니 햄버거 가게에서 본 남자잖아! 우리 뒤를 따라다닌 거야?"

남박사의 안경이 번뜩였어.

"복제한 실험체가 서로 다른 환경에서 자라면서 형질이 어떻게 달라지는지 관찰해야 했거든. 혈액 샘플이 필요하던

참이었는데 이렇게 알아서 찾아오다니!"

　　남박사가 커다란 주사기를 들고 다가오자 용식이와 지용이는 뒷걸음질 쳤어. 하지만 몇 발자국 가지 않아 등에 벽이 느껴졌어. 더는 물러설 곳이 없었지. 용식이는 당황해서 어쩔 줄 몰라 했어. 용식이가 알고 있는 수많은 과학 지식들은 소용이 없었지. 지용이도 두려웠지만 주변을 살피며 침착하게 생각했어.

　　'어떻게 해야 여기서 도망칠 수 있을까?'

　　그때 실험대 케이지 안에서 남박사를 향해 으르렁대는 동물들이 보였어.

지용이와 용식이의 눈이 딱 마주쳤어. 말을 하지 않았지만 신기하게도 눈빛만으로 서로의 생각을 알 수 있었지.

"하나, 둘, 셋!"

용식이가 '셋'을 외치는 동시에 둘은 재빨리 케이지 문을 열기 시작했어. 문이 열리자마자 동물들이 뛰쳐나왔어. 동물들은 케이지에서 빠져 나와 곧장 남박사에게 달려들었어.

"으악! 저리 가!"

남박사는 비명을 질렀지만 사납게 달려드는 동물들을 떨쳐 내지 못했어.

동물들에게 둘러싸여 몸부림치는 박사의 주머니에서 열쇠가

떨어졌어. 용식이는 재빨리 열쇠를 주워 문의 자물쇠를 열었지. 둘은 센터 입구를 향해 달렸어. 박사를 따라가면서 길을 잘 익혀 둔 덕분에 쉽게 찾을 수 있었지.

그런데 문을 밀고 나간 둘은 당황하고 말았어. 문 앞에 경찰과 부모님이 있었거든. 용주도 보였지.

"지용아!"

"용식아!"

부모님들은 둘의 이름을 부르며 달려가려고 했어. 그러다 뭔가를 깨닫고 멈칫했지. 아들이 두 명이 되었으니까.

용주는 용식이와 지용이를 번갈아 보더니 어깨를 으쓱했어.

"나를 따돌릴 수 있다고 생각했어? 부모님께 다 설명 드려. 오빠들."

그럼 돌연변이는 유전이 돼?

오호

정상적인 세포 분열

돌연변이 발생

세포가 분열할 때마다 염색체도 복제되는데 이때 어떤 문제가 일어나는 게 돌연변이야. 자손에게 전달이 될 수 있는 생식 세포에서 돌연변이가 일어나면 유전이 되지.

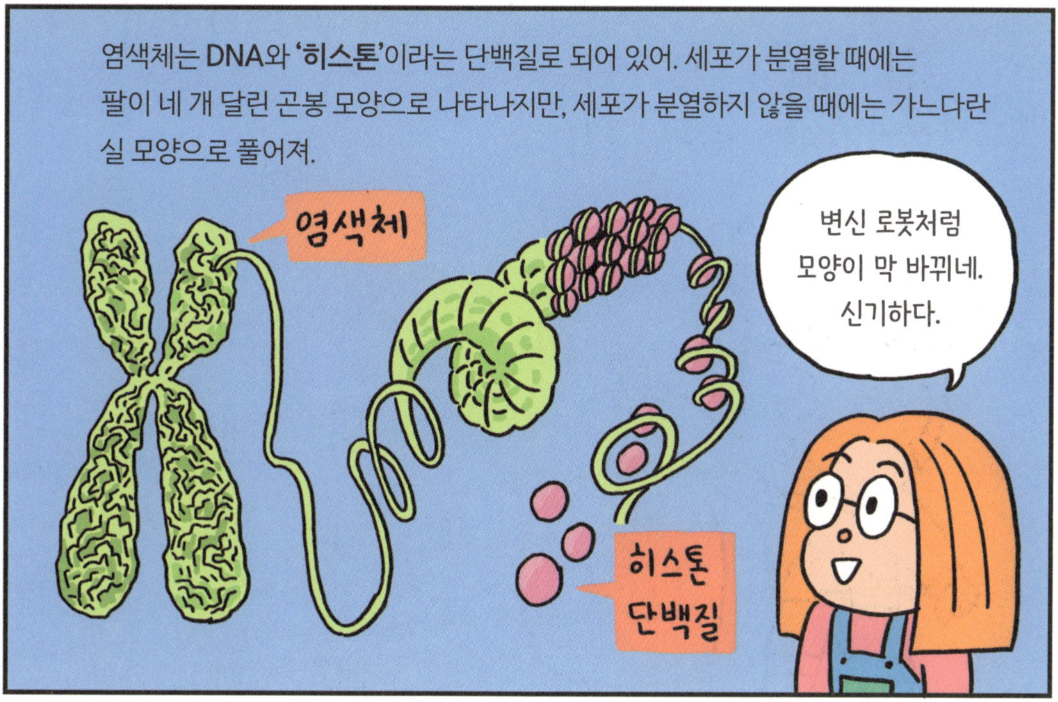

염색체는 DNA와 '히스톤'이라는 단백질로 되어 있어. 세포가 분열할 때에는 팔이 네 개 달린 곤봉 모양으로 나타나지만, 세포가 분열하지 않을 때에는 가느다란 실 모양으로 풀어져.

염색체

히스톤 단백질

변신 로봇처럼 모양이 막 바뀌네. 신기하다.

염색체 돌연변이는 염색체가 복제되었다 나누어지는 과정에서 한쪽으로 염색체가 전부 딸려가거나 염색체 한 부분이 잘려 나가 다른 곳에 붙는 경우에 발생해. 예를 들어 남성의 염색체가 나누어지는 중에 비분리가 일어난 상태에서 정상적인 난자를 만나면, 다음과 같은 결과가 나타나.

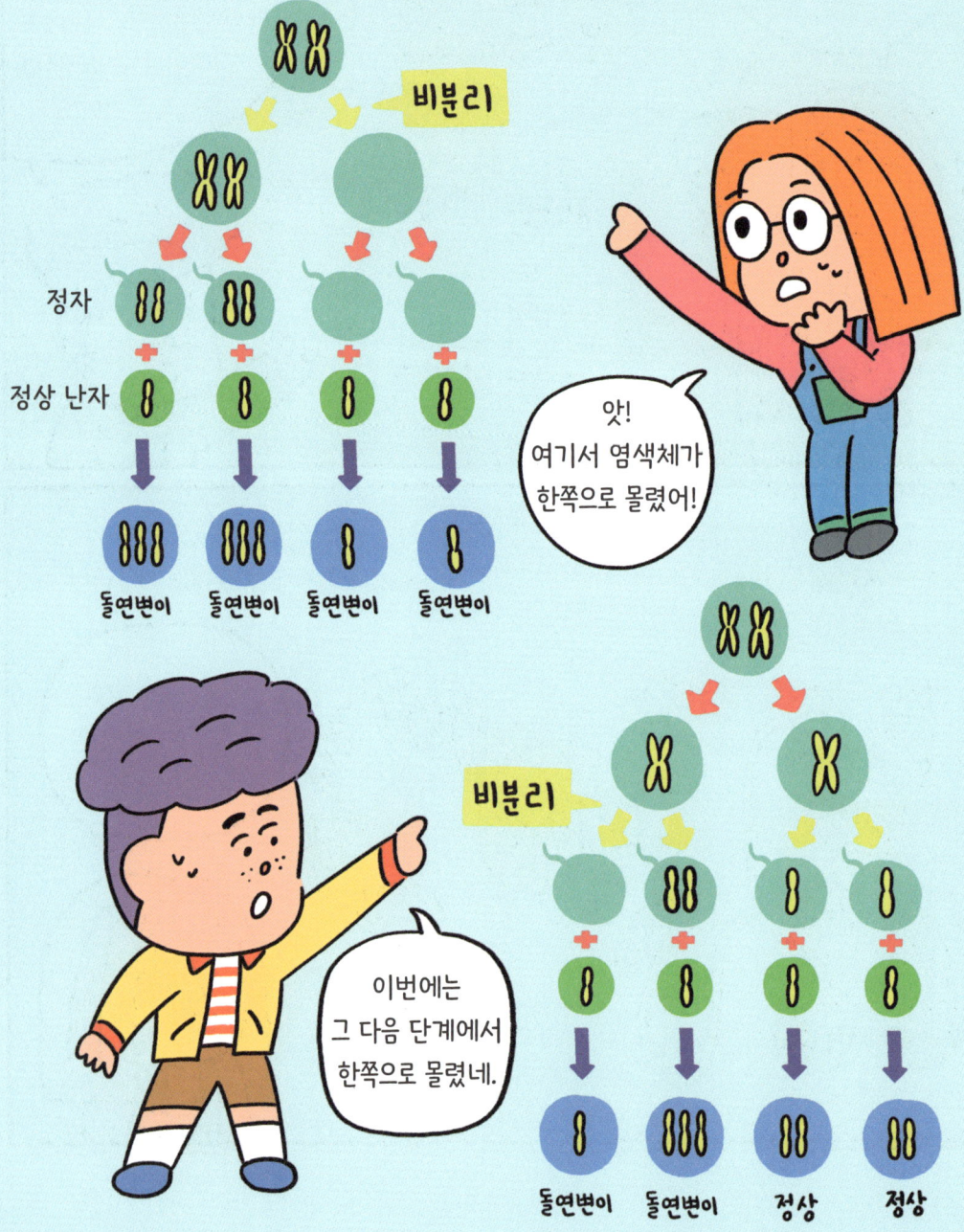

유전자 돌연변이로 나타나는 증상

겸형 적혈구증

낫 모양으로 변형된 적혈구는 산소 운반 능력이 떨어져요. 그래서 겸형 적혈구증을 가진 사람은 심한 빈혈이 생겨요.

백색증(알비노 증후군)

몸에서 멜라닌 색소가 정상적으로 만들어지지 않아 생기는 증상이에요. 머리, 피부, 털이 하얗고 눈은 붉은색을 띠어요.

페닐케톤 뇨증

아미노산을 분해하는 페닐알리닌 효소가 없어 아미노산이 몸에 쌓이면 나타나요. 정신 지체와 발달 장애가 생기고, 땀이나 소변에서 쥐 오줌 냄새가 나요.

돌연변이를 일으킨 유전자 역시 유전의 법칙을 따라. 예를 들어 알비노는 열성이라 열성 인자 두 개가 모여야 증상이 나타나.

내가물로보이냐: 개체 변이에 대해 더 알고 싶어.

식용유: 개체 변이는 같은 종류의 생물 사이에서 일어나는 변이를 말해. 환경이 달라서 생기는 거지. 예를 들어 한 나무에서 빛을 많이 받는 쪽 열매는 크고 진한 색을 띠고 그늘진 곳에 달린 열매는 작고 빛깔이 연하지.

치킨버거: 동물의 경우에는 살아가는 환경의 온도나 먹이에 따라 다를 수 있겠네?

식용유: 지금은 우리 키가 비슷하지만 내가 음식을 골고루 먹고 꾸준히 운동을 하면 10년 후엔 너보다 더 크고 건강할 수 있지! 이것이 바로 개체 변이야!

치킨버거: 편식하지 말고 채소부터 먹는 게 어때?

식용유: …

개체 변이가 일어난 용식이와 지용이

카놀라유 피가 안 멈추는 병이 유전된다며?

 식용유 혈우병 말이구나. 피를 멈추게 도와주는 혈액 응고 인자 유전자에 돌연변이가 생긴 거야.

 피가모자라 피가 안 멈추면 진짜 피가 모자라겠네.

 치킨버거 혈우병이 알려진 이유가 빅토리아 여왕 때문이라며?

 식용유 빅토리아 여왕은 혈우병 보인자였나 봐. 보인자라는 건 유전자를 가지고 있지만 겉으로 드러나지 않은 사람을 말해. 당시 유럽에서는 왕가의 권력을 유지하기 위해 다른 나라의 왕가와 결혼하는 일이 많았는데 빅토리아 여왕의 손녀 알렉산드라와 러시아 황제 니콜라이 2세 사이에서 태어난 알렉세이에게 혈우병이 발현되었지.

 바나나나나 혈우병 유전자는 여자를 통해 전해졌는데 혈우병에 걸린 건 남자네?

 식용유 혈우병은 X염색체에 의해 열성 유전되는 반성 유전이기 때문이야. 여자의 경우는 두 개의 X염색체 모두에 혈우병 유전자가 있어야 증상이 나타나. 하지만 남자는 X염색체가 하나뿐이니 그 염색체에 혈우병 인자가 있으면 곧장 발현되어 버려.

러시아 역사를 바꾼 혈우병

당시에는 혈우병이 어떤 병이고 왜 혈우병이 걸리는지 정확히 알려지지 않았어요. 니콜라이 황제 부부는 아픈 아들을 위해 수도사인 라스푸틴을 불렀지요. 라스푸틴은 병을 치료하는 척 사람들을 속였는데, 우연히 알렉세이가 나아지는 듯 보이자 그때부터 황제의 신임을 바탕으로 권력을 휘두르며 부정부패를 저지르기 시작했어요. 살기 어려워진 러시아 국민들은 혁명을 일으켰고 황제 가족은 처형되고 말았어요. 이렇게 러시아 왕조는 무너졌죠.

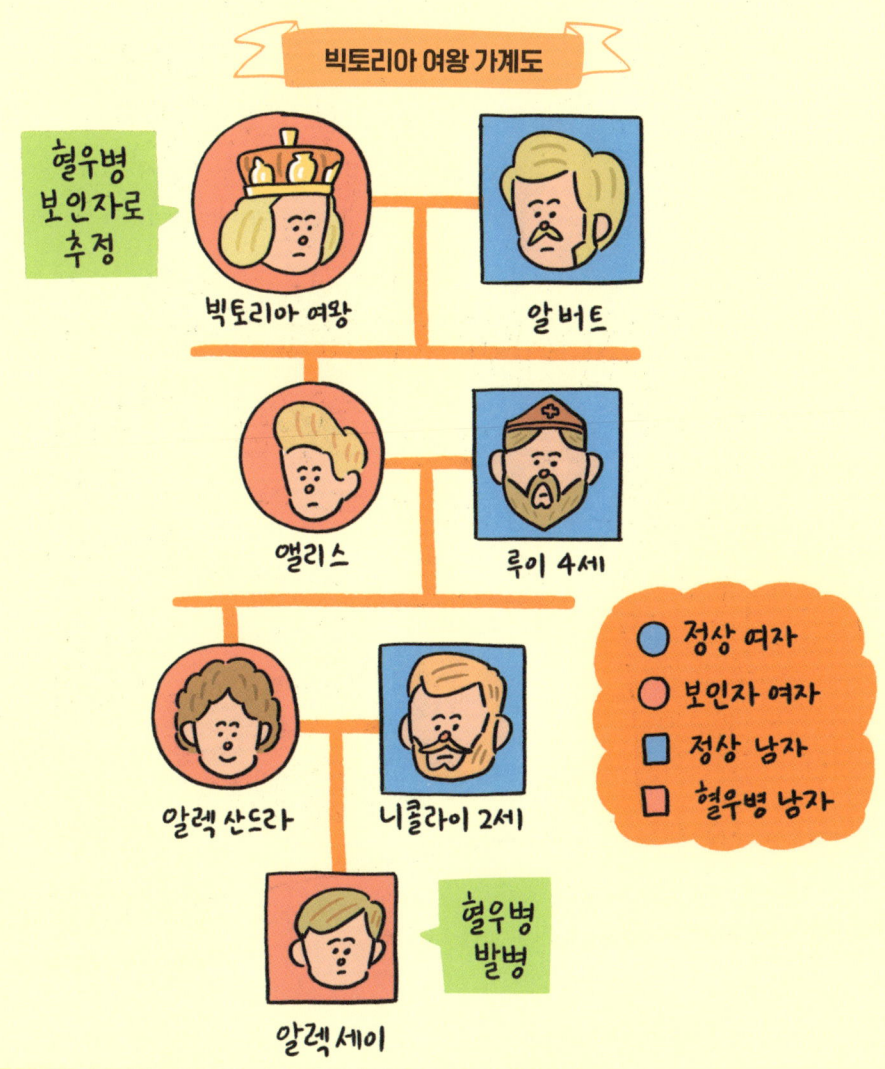

"어떻게 알고 온 거야?"

두 가족이 모두 경찰서에 모였어. 용식이와 지용이는 여전히 어리둥절한 표정이었어. 알고 보니 용주가 뒤를 밟았다지 뭐야. 지용이가 난임 센터 카드를 들고 몰래 나가는 걸 보고 감이 딱 왔대.

"둘 다 어찌나 둔한지 내가 따라가는 것도 모르고. 게다가 그 박사라는 사람, 한눈에 봐도 수상하잖아. 그동안 계속 주변에서 얼쩡거렸는데도, 모르는 눈치던데?"

박사를 알아본 용주는 재빨리 부모님께 연락을 했고, 용식이 부모님이 경찰에 신고를 해서 남박사를 체포할 수 있었던 거야.

지용이 부모님은 박사의 얼굴을 유심히 보았어.

"어디서 본 것 같은데…. 앗! 시험관 시술을 한 의사잖아."

남박사는 지용이 엄마가 자신을 알아보자 의기양양해져 이야기를 늘어놓았어.

"시험관 아기 시술을 위해 준비된 수정란을 복제해 clone-1001은 원래 부부에게, clone-1002를 때마침 난임 센터를 방문한 또 다른 부부에게 시술했지."

남박사는 흐뭇한 표정으로 용식이와 지용이를 번갈아 보며 어디 아픈 데는 없느냐는 둥, 복제가 성공했으니 이건 노벨상 감이라는 둥 횡설수설하기 시작했어. 그러자 용식이가 소리쳤어.

"도대체 왜 그런 짓을 한 거야!"

"1002, 복제 기술이 발달한 세상을 상상해 봐. **사람의 장기를 복제할 수 있게 되면 장기 이식이 필요한 사람들을 살릴 수 있어. 유전자가 맞지 않아 생기는 이식 수술의 부작용도 크게 줄어들겠지.** 뿐만 아니라 너희 부모처럼 아이가 생기지 않아 힘들어하는 사람들도 도울 수 있어. 너희가 바로 그 증거지! 내 빛나는 연구의 결과물!"

지용이도 벌떡 일어나 소리쳤어.

"나랑 용식이는 당신 연구의 결과물이 아니라 인간이라고!"

용식이 아빠가 용식이 어깨에 얹은 손에 힘을 꽉 주었어.

"1002가 아니야! 내 아들이지."

용식이 엄마도 말했어.

"용식이는 내가 낳아서 키운 우리 자식이야."

주변이 소란스러워지자 옆에서 지켜보던 경찰이 다가왔어. 경찰은 박사를 데리고 취조실로 가며 혀를 찼어.

"죄를 술술 다 털어놓다니, 아직도 잘못을 깨닫지 못했군."

박사가 떠나고 용식이와 지용이는 한동안 아무 말도 하지 못했어. 부모님들 역시 큰소리를 쳤지만 혼란스러운 것처럼 보였어.

'우리 둘 중 진짜는 누구지? 이제 어떡하면 좋지?'

둘은 같은 고민에 빠진 듯 고개를 숙였어. 용식이 아빠가 먼저 더듬더듬 말을 꺼냈어.

"아, 아들 녀석 혈액형 때문에 시술을 한 의사를 찾던 중이었는데 이런, 이런 엄청난 일이…."

지용이 아빠도 고개를 저으며 중얼거렸어.

"이런 무서운 일이, 어떻게."

그런데 용식이 엄마가 갑자기 밝은 목소리로 말했어.

"집을 바꿀 생각을 하다니, 어떻게 둘이 생각하는 것까지 똑같니? 싫어하던 채소를 먹기에 좀 이상하다 싶긴 했지만."

채소 이야기에 지용이는 난처한 얼굴을 했어. 가라앉은 분위기가 조금 부드러워졌어.

"그러게요. 어쩜 손톱 물어뜯는 습관까지 닮았는지."

지용이 엄마 말에 용주가 히죽 웃었어. 지용이와 용식이는 서로를 흉내 내려고 연습했던 일을 털어놓았어. 처음 만나게 된 이야기며 서로를 보고 무척 놀란 이야기, 말 못하고 감춰 두었던 불안한 마음까지 말이야. 이야기를 듣는 동안 가족들은

웃기도 하고 울기도 했어. 그러면서도 여전히 이 상황을 어떻게 받아들여야 할지 고민하는 눈치였지. 그런데 용주가 대수롭지 않게 말했어.

"오빠가 둘로 늘다니 신난다!"

모두 머리를 망치로 맞은 것 같았어. 누가 누구를 복제했는지는 중요하지 않았던 거야. 용식이 엄마가 용식이와 지용이를 꼭 안았어.

"아이는 가족의 사랑을 자양분으로 자라는 거란다. 너희는 모두 귀한 존재야."

지용이 엄마도 둘을 꼭 안아 주었어.

"각자 개성을 지닌 독립적인 인간이지."

용식이와 지용이는 코끝이 시큰했어. 울지 않으려고 안간힘을 쓰는 둘을 보며 용주가 웃었어.

"어이, 오빠들. 이제 비밀도 다 풀렸으니 귀여운 동생한테 아이스크림 하나씩 사 줘. 딸기맛이랑 초코맛으로. 오빠가 둘이니 이제부터 뭘 먹을까 고민하지 않아도 되겠다!"

용식이와 지용이는 용주와 함께 아이스크림 가게로 발걸음을 옮겼어. 오늘따라 바람이 정말 시원하다!

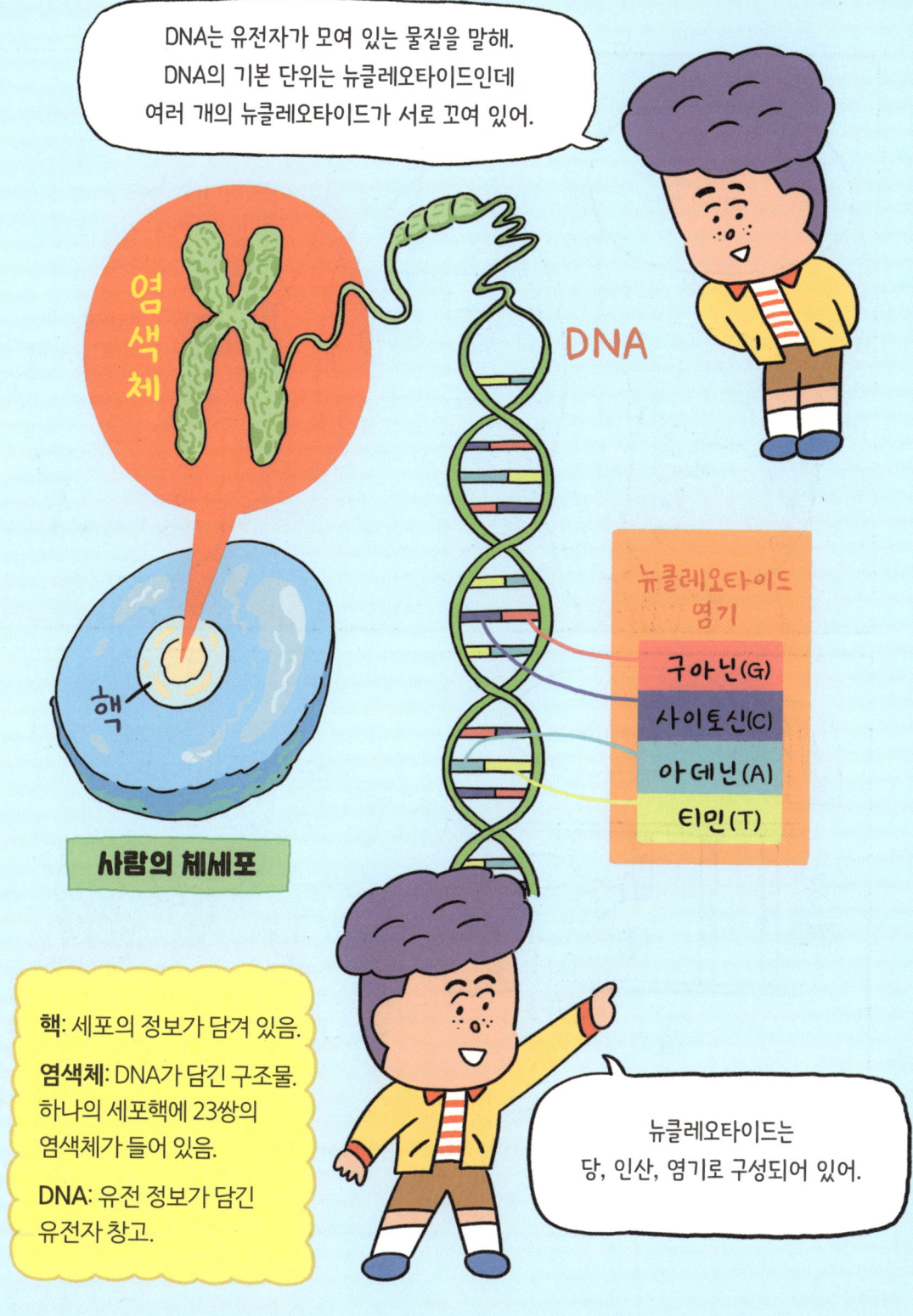

"염기가 두 개씩 쌍을 이루고 있네."

"티민은 아데닌, 구아닌은 사이토신과 짝을 이루지. 사람의 DNA는 30억 쌍의 염기로 이루어져 있는데, 이것이 배열된 순서에 따라 유전 정보가 결정되는 거야."

T 티민 A 아데닌
G 구아닌 C 사이토신

"유전의 비밀은 결국 DNA에 있었구나."

당, 인산

효소

염기쌍은 당과 인산으로 된 뼈대에 붙어서 지퍼처럼 딱 맞물려 있어. 그러다 세포가 분열해서 DNA를 복제할 때가 되면 효소라는 단백질이 지퍼를 쭉 열고 또 다른 효소가 지퍼를 따라 움직이면서 꼼꼼하게 DNA를 복제하지.

 카놀라유 　 DNA의 구조는 누가 알아냈어?

 식용유 　 1953년 왓슨과 크릭이란 과학자가 밝혀냈다고 알려져 있어. DNA가 이중 나선 구조라고 발표하자 과학계는 난리가 났지. 그들은 이 발표로 노벨상도 받았어. 하지만 여기엔 안타까운 뒷이야기가 있어.

 내가물로보이냐 　 뭐가 잘못됐어?

 식용유 　 왓슨과 크릭이 DNA 구조를 밝히는 데 큰 도움을 준 과학자가 따로 있었거든.

 카놀라유 　 그게 누구야?

 식용유 　 로잘린드 프랭클린이란 과학자야. 프랭클린은 X선 사진을 찍어 인산 뼈대 안에 염기가 붙어 있다는 사실과 염기가 서로 짝을 이루고 있다는 사실을 알아냈지.

 빨간맛 　 그런데 왜 왓슨과 크릭이 밝혔다고 알려졌어?

 식용유 　 왓슨과 크릭이 프랭클린의 연구 결과를 맘대로 이용해서 논문을 발표해 버렸기 때문이야.

우리가 기억해야 할 위대한 과학자

DNA가 이중 나선 구조라는 사실이 밝혀진 후, 우리는 DNA가 어떤 방식을 통해 복제되고 후손에게 전달되는지 알 수 있었어요. 왓슨과 크릭, 윌킨스는 DNA의 구조를 밝힌 공로로 1962년 노벨 생리의학상을 받았지요. 윌킨스는 그의 연구 자료가 DNA의 구조를 밝히는 데 큰 도움을 줬다는 이유로 공동 수상을 하게 되었습니다. 하지만 윌킨스보다 더 중요한 역할을 한 과학자가 있었습니다. 바로 로잘린드 프랭클린(Rosalind E. Franklin, 1920~1958)이라는 과학자지요.

프랭클린은 어릴 때부터 물리와 화학을 좋아했습니다. 당시에는 여자에게 과학을 제대로 가르치지 않았지만 프랭클린은 세인트 폴 여학교에서 과학 수업을 듣고 대학에서 공부를 계속할 수 있었습니다.

과학자가 된 프랭클린은 가늘고 잘 부서지는 DNA 가닥을 묶어 촬영하는 방법을 통해 1952년 DNA가 나선 구조로 되어 있다는 것을 발견합니다. 그러나 좀 더 확실한 결과를 얻기 위해 발표를 미루다 성과를 빼앗기고 말았습니다.

피가모자라   게놈 프로젝트가 뭔지 알아?

 식용유   **'게놈'이란 유전자(gene)와 염색체(Chromosome)를 합친 말이야.** 사람의 몸속에 들어 있는 유전 정보를 뜻해. DNA의 구조가 밝혀진 뒤, 1980년대에 과학자들이 모여 인간의 DNA 지도를 만들기 위한 게놈 프로젝트가 시작됐어.

 문어문어   지도를 만드는 데 성공했어? 몇 개나 알아냈는데?

 치킨버거   '성공했다'에 백 원!

 카놀라유   그럼 난 '아직 연구 중이다'에 백 원!

 식용유   2005년까지 32억 개의 뉴클레오타이드 염기쌍을 밝혀내는 게 목표였는데 2년이나 빠른 2003년에 모두 밝혀냈어.

 치킨버거   백 원 내 놔!

 카놀라유   ㅠㅠ

 식용유   게놈 프로젝트가 완성되면 개인의 특이한 염기 서열을 찾아내 질병을 진단하거나 치료에 활용할 수 있을 거야. 하지만 일부 사람들이 비밀리에 DNA를 조작해서 병이 없는 건강한 아이를 만든다면 문제가 될 수 있어. 또 병에 걸리지 않았더라도 어떤 질병에 걸릴 확률이 높다는 이유로 차별을 받는 일이 일어날 수도 있어.

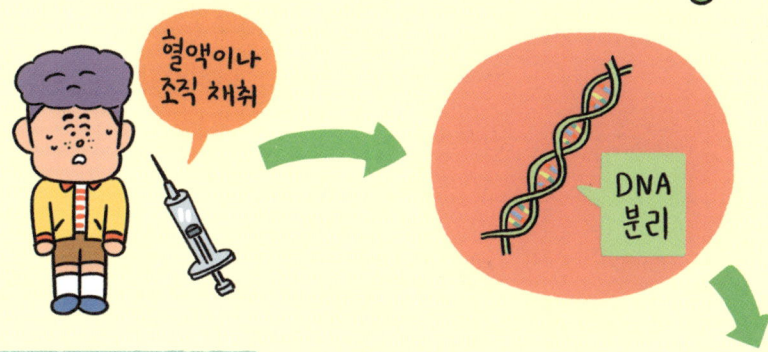

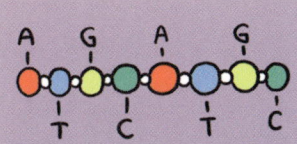

카놀라유

 식용유

돌리라는 이름 들어 봤어?

1996년 처음으로 복제에 성공한 양의 이름이야. 복제양 돌리가 탄생한 과정이 궁금하면 이 자료를 읽어 봐.

복제양 돌리의 탄생

먼저 복제할 A의 세포를 채취해 세포핵을 추출합니다. B로부터는 난자를 채취하여 세포핵을 제거한 뒤, A의 세포핵을 이식합니다. 이렇게 만들어진 난자가 분열한 배아를 제3의 양의 자궁에 넣어 태어난 양이 바로 돌리지요.

 카놀라유		한 마리의 복제 양을 만들기 위해 세 마리의 양이 필요했네.
 문어문어		그런데 인간 마음대로 이렇게 생명을 만들어 내도 될까?

빨간맛 난 반댈세.

내가 물로 보이냐 인류의 발전을 위해서는 어쩔 수 없다고 생각해.

식용유 인류에게 도움이 된다고 해도 이런 연구가 꼭 필요한 건지, 인간의 욕심이 아닌지 잘 생각해야 해. 우리는 윤리가 있고 마음이 있어서 인간이니까 말이야.

초등과학Q 6

유전과 혈액
유튜버 식용유의 맛있는 유전

초판 1쇄 발행 2020년 10월 19일
초판 5쇄 발행 2023년 12월 1일

글 김영주 | **그림** 나인완
편집 김채은 | **디자인** 자자주
제작 박천복 김태근 고형서 | **마케팅** 윤병일 유현우 송시은
펴낸이 김경택
펴낸곳 (주)그레이트북스
등록 2003년 9월 19일 제313-2003-000311호
주소 서울시 구로구 디지털로31길 20 에이스테크노타워5차 12층
대표번호 (02) 6711-8673
홈페이지 www.greatbooks.co.kr

ISBN 978-89-271-9693-8 74400
   978-89-271-9560-3 (세트)

※이 책은 저작권법에 따라 보호받는 저작물이므로 무단전재와 무단복제를 금합니다.

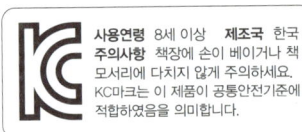